Cadw Rhod Duw i droi

Deunydd Defosiynol
ar gyfer plant ac ieuenctid

Alice Evans

ⓑ Cyhoeddiadau'r Gair 2003

Testun: Alice Evans
Golygydd: Ann Hughes
Golygydd Cyffredinol: Aled Davies

ISBN 1 85994 485 X
Argraffwyd ym Mhrydain
Cedwir pob hawl. Ni chaniateir copïo unrhyw ran o'r deunydd hwn
mewn unrhyw ffordd oni cheir caniatâd y cyhoeddwyr.

Cyhoeddwyd gan:
Cyhoeddiadau'r Gair, Cyngor Ysgolion Sul Cymru,
Ysgol Addysg, PCB, Safle'r Normal,
Bangor, Gwynedd, LL57 2PX.

Y CYNNWYS:

OEDFAON:

O'r Preseb i ardd yr Atgyfodiad	5
Cadw rhod Duw i droi	16
Y Goleuni	28
Ymlaen gyda Duw	38

DEUNYDD YCHWANEGOL:

Newyn a Llawnder	50
Salm i weithwyr tawel Duw (Buddugol yn yr Eisteddfod Genedlaethol, 2001)	53
Pwy yw'r Cristion?	55
Dwylo Iesu Grist	56
Gwledd Teyrnas Dduw	58
Dameg y dyn cyfoethog a Lasarus	60
Emyn: Rhoi Diolch	62

Diolchaf yn gynnes i'r calynol am gyfansoddi tonau:

Margaret Richards:	Goleuni'r Byd
	Taro'r hoelion
	Cân y bugeiliaid
Eleri Roberts:	Ymlaen gyda Duw
	Diwrnod i'r Brenin
	Y Seren
	Cân Mair a Joseff
	Cân y sêr-ddewiniaid
Mandy Williams:	Plysgog
	Porthfa
Eirian Jones:	Rhydfelen
Emyr James:	Groes Foel

Diolchaf hefyd am hawl i gynnwys y canlynol:

Pwyllgor Eisteddfod Maenclochog:	Mae Duw yn gofyn (Plysgog)
" " " Castell-Newydd-Emlyn:	Emyn Gwladgarol (Groes Foel)
" Llanbedr Pont Steffan:	Cadw rhod Duw i droi (Rhydfelen)
" " Aberteifi:	Derbyn Iesu (Porthfa)
" yr Eisteddfod Genedlaethol:	Salm i weithwyr tawel Duw

Diolchaf i Elfed am ei amynedd a'i anogaeth cyson, i'r Parchedig Aled Davies am ei hynawsedd a'i gymorth diflino, ac i Gyhoeddiadau'r Gair am eu gwaith destlus. Yn bennaf, diolchaf i Dduw am roi imi nerth ac iechyd digonol i lunio cyfrol arall. Mae fy nyled yn fawr.

O'R PRESEB I ARDD YR ATGYFODIAD

Bu Iesu Grist yn byw'n y byd,
Bu farw ar y groes,
Ond trwy ei atgyfodiad ef
Mae'n Geidwad i bob oes.

Fe goncrodd ef bechodau dyn
Â chariad, nid â chledd,
Y cariad sydd yn ddigon mawr
I lanw'r byd â hedd.

Rhown ddiolch am Waredwr cu,
A'r cariad mwya' a gaed,
Trwy garu Duw a dyn fel ef,
A phlygu wrth ei draed.

Yn yr oedfa hon, fe geisiwn olrhain ychydig o hanes Iesu Grist ar y ddaear, o'i enedigaeth hyd ei atgyfodiad.

Emyn 391:   **Brenin Seion**   *Tôn 322*

Y Porth Cyfyng - "Ewch i mewn trwy'r porth cyfyng, oherwydd llydan yw'r porth ac eang yw'r ffordd sy'n arwain i ddistryw, a llawer yw'r rhai sy'n mynd ar hyd-ddi. Ond cyfyng yw'r porth a chul yw'r ffordd sy'n arwain i fywyd, ac ychydig yw'r rhai sy'n ei chael." Dyna rai o eiriau Iesu yn ei Bregeth ar y Mynydd.

Dangosodd ef ragoriaethau'r ffordd gul, trwy sôn amdani a cherdded arni ei hun, ar hyd ei fywyd ar y ddaear. Hon, meddai ef, yw'r ffordd sydd yn arwain i fywyd, sef y Bywyd y daeth ef i'w sefydlu ar y ddaear.

Dywedodd Paul un tro, "Y mae i ymarfer y corff beth gwerth, ond i ymarfer y bywyd crefyddol y mae pob gwerth, gan fod ynddo addewid o fywyd yn y byd hwn a'r byd a ddaw."

Ffordd ysbrydol o fyw yw ffordd y Bywyd. Atebodd Iesu Pilat yn y llys, cyn iddo gael ei ddedfrydu i farwolaeth, fel hyn, "Nid yw fy nheyrnas i o'r byd hwn. Pe bai fy nheyrnas i o'r byd hwn, byddai fy ngwasanaethwyr i yn ymladd, rhag imi gael fy nhrosglwyddo i'r Iddewon. Ond y gwir yw, nid dyma darddle fy nheyrnas i." Dywedodd Pilat wrtho, "Yr wyt ti yn frenin ynteu?" "Ti sy'n dweud fy mod yn frenin," atebodd Iesu. "Er mwyn hyn yr wyf wedi cael fy ngeni, ac er mwyn hyn y deuthum i'r byd, i dystiolaethu i'r gwirionedd. Y mae pawb sy'n perthyn i'r gwirionedd yn gwrando ar fy llais i."

Dywedodd Iesu dro arall, iddo ddod i'r byd er mwyn i ddynion gael bywyd, a'i gael yn ei holl gyflawnder. "Carodd Duw y byd gymaint," meddai Ioan, "nes iddo roi ei unig Fab, er mwyn i bob un sy'n credu ynddo ef beidio â mynd i ddistryw, ond cael bywyd tragwyddol." Mae Duw yn rhoi cyfle i bawb feddiannu'r Bywyd hwn, oherwydd mae wedi danfon ei Fab i'r byd i ddangos y ffordd i ni.

Meddai'r Salmydd, "Diolchwch i'r Arglwydd. Galwch ar ei enw, gwnewch yn hysbys ei weithredoedd ymysg y bobloedd. Canwch iddo, moliannwch ef, dywedwch am ei holl ryfeddodau."

> Ymhlith holl ryfeddodau'r nef,
> Hwn yw y mwyaf un,
> Gweld yr anfeidrol, ddwyfol Fod
> Yn gwisgo natur dyn.
>
> Ni chaiff fod eisiau fyth, tra fo
> Un seren yn y nef,
> Ar neb o'r rhai a roddo'u pwys
> Ar ei gyflawnder Ef.

Proffwydwyd dyfodiad Crist ganrifoedd cyn ei enedigaeth. Dywedodd Eseia, "Canys bachgen a aned i ni, mab a roed i ni, a bydd yr awdurdod ar ei ysgwydd. Fe'i gelwir, Cynghorwr rhyfeddol, Cawr o ryfelwr, Tad bythol, Tywysog heddychlon."

Eseia 53 : 5 - 9

Emyn 464 i barti: **Ar gyfer heddiw'r bore**   **Tôn 388**

Yn yr efengylau, gwelwn fod proffwydoliaeth Eseia wedi cael ei gwireddu. Dyma fel mae Ioan yn sôn am ddyfodiad Iesu-

Ioan 1: 1 - 14; Daeth y Gair yn Gnawd

Ar gyfer y gân nesaf bydd angen darn o bren a morthwyl pren yr un ar y plant i daro, yn ystod y cytgan.

Cân i'r plant lleiaf: **Taro'r Hoelion**

```
       G.        D7   G       C       D7    G
     m.r | d : d | d : r | m : s | - : s.f | m : m | m : r | d : - | - : d
     Pan oedd yn fachgen ifanc,  bu Iesu Grist yn daer yn

       C       A   G   B7  Em    A7           D    D7
     | d : d | d : r | m : r | d : -. m | m : r | r : d | r : - | - :-
     taro   hoelion  mawr - ion, wrth wneud ei waith fel saer.

       G              D  G   D
     | d : s, | d : s, | d : r | m : - | r : s, | r : s, | r : m | f : -
     Cytgan: Taro'r  hoelion  un,  dwy, tair,   a wnawn ni fel Iesu'r saer,

       G              Bm              C  G  D7  G
     | m : d | m : d | m : f | s : -. f | m : f | s : f | m : - | r : - | d : - | -
     Taro pedwar, pump chwech saith, nes inni orffen gwneud ein gwaith.
```

Gwnaeth ddrws a ffenest newydd
i gadw'r gwynt o'r tŷ,
gan wneud y cartre'n ddiddos,
yn gywir fel tŷ ni.
Cytgan:

I'w fam gwnaeth gwpwrdd cornel
i gadw'r llestri te;
gofalodd roi pob hoelen
yn gywir yn eu lle.
Cytgan:

I'w nain gwnaeth gadair esmwyth,
a honno'n gadair dlos;
bu wrthi'n ddyfal, ddyfal,
o fore bach tan nos.
Cytgan:

Fe garwn ni, ryw ddiwrnod,
'r ôl inni dyfu'n hŷn,
i fod yn seiri tebyg
i Iesu Grist ei hun.
Cytgan:

Hyd yn oed mor ifanc â deuddeg oed, teimlodd Iesu awydd cryf i wasanaethu ei Dad. Dywedir amdano, yn yr oed hwnnw, ei fod 'yn cynyddu mewn doethineb a maintioli, a ffafr gyda Duw a dynion'.

Pan gafodd ei fedyddio yn yr Iorddonen, gan Ioan Fedyddiwr, agorodd y nef, a disgynnodd yr Ysbryd Glân arno ar ffurf colomen, a daeth llais o'r nef: "Ti yw fy Mab, yr Anwylyd, ynot ti yr wyf yn ymhyfrydu."

Darllenwn yn yr efengylau, am Grist yn pregethu trwy ddamhegion, ac yn cyflawni llu o wyrthiau. Dywedir fel hyn amdano-

Y mae'r deillion yn cael eu golwg yn ôl,
y cloffion yn cerdded,
y gwahangleifion yn cael eu glanhau,
y byddariaid yn clywed,
y meirw yn codi
a'r tlodion yn cael clywed y newyddion da.

Dygasant ato yr holl gleifion oedd yn dioddef dan amryw afiechydon, y rhai oedd yn cael eu llethu gan boenau, a'r rhai oedd wedi eu parlysu, ac fe iachaodd ef hwy.

Meddai Pedr amdano-

"Gwyddoch chwi'r peth a fu drwy holl Jwdea, gan ddechrau yng Ngalilea wedi'r bedydd a gyhoeddodd Ioan - Iesu o Nasareth, y modd yr eneiniodd Duw ef â'r Ysbryd Glân ac â nerth.

Aeth ef oddi amgylch gan wneud daioni, ac iacháu pawb oedd o dan ormes y diafol, am fod Duw gydag ef."

Emyn 345:   O'r fath Gyfaill ydyw'r Iesu   *Tôn 279: Converse*

Rhannu'r Cwpanau Aur

(Sgets i bump o'r ieuenctid - tad, tri mab neu ferch, a dyn dieithr. Gorchuddiwch 18 cwpan plastig gyda phapur lliw aur. Y tri mab neu'r tair merch i sefyll yn y sêt fawr)

1:   Mae llawer o sôn am Iesu Grist y dyddie hyn. Ysgwn i sut un yw E?

2:   Maen nhw'n dweud ei fod E'n rhoi golwg yn ôl i ddynion dall.

3:   Ac mae pobol fyddar yn dod i glywed.

2:   Bwydodd E bum mil o bobol un diwrnod, a dim ond pum torth a dau bysgodyn oedd gydag E!

1:   Nefyr!

2:   Do wir i ti nawr, ac roedd llond deuddeg basged o fwyd ar ôl!

1:   Ar ôl bwydo pum mil? Sut yn y byd wnaeth E 'na?

2:   Mae E'n gallu gwneud gwyrthie ti'n gweld.

1:   Wel, bydd rhaid i fi weld E'n gwneud nhw cyn greda' i.

(Y tad yn dod mewn, yn cario bocs)
3:   Helo 'Nhad, a beth sy' gyda chi yn y bocs 'na?

Y tad: Mae gyda fi un deg a saith o gwpane aur.

3:   Beth! Un deg a saith o gwpane aur?

1:   Dewch i ni gael eu gweld nhw
         (Pawb yn helpu i dynnu'r cwpane allan)

3:   Beth i chi'n mynd i wneud â nhw?

Y tad: Wel, dwi'n mynd yn hen nawr, a dwi am eu rhannu nhw rhyngoch chi eich tri. Dwi am roi eu hanner nhw i ti Seimon (neu Sara), gan bo ti wedi gweitho am flynyddoedd lawer i fi.
(Y tad yn rhoi carden i'r cyntaf gyda enw a'r rhif ½ arni)

Dwi'n mynd i roi un rhan o dair o'r cwpane i ti Daniel (neu Deina), gan bo ti wedi gwneud tipyn o waith i fi.
(Y tad yn rhoi carden i'r ail, gyda enw a'r rhif 1/3 arni)

A dwi'n mynd i roi un rhan o naw o'r cwpane i ti Effraim (neu Esther), gan mai dim ond am flwyddyn wyt ti wedi gweitho i fi.
(*rhoi carden i'r trydydd, gyda'i enw a 1/9 arni*)

Diolch i chi am eich help, fy mhlant i. Fe af i nawr i gael gorffwys am dipyn.

1: Nawr sut yn y byd alla' i gael hanner 17 o gwpane, heb dorri un?

2: A sut alla' i gael un rhan o dair o 17?

3: A sut alla' i gael un rhan o naw ohonyn nhw?

1: Ma' problem gyda ni fan hyn.

2: Oes, problem fowr.

3: Ond sut ma' setlo'r broblem?

(*Dyn dieithr yn dod mewn*)

Y dyn dieithr: Fe glywes i chi'n sôn am broblem. Beth yw'r broblem?

1: Mae 17 o gwpane fan hyn, a dwi'n fod i gael eu hanner nhw.

2: Dwi'n fod i gael un rhan o dair.

3: A fi un rhan o naw. Mae'r peth yn amhosib.

Y dyn dieithr: Fe setla i'r broblem 'na i chi nawr. Fe gewch chi gwpan arall 'da fi, ac wedyn fe fydd 18 'da chi, a bydd hi'n ddigon hawdd i chi eu rhannu nhw. Dydd da i chi nawr.
(*rhoi un cwpan arall ar y bwrdd ac yna'n mynd*)

Y tri: Dydd da a diolch yn fawr.

1: Wel na foi bach neis oedd hwnna 'te.

2: A 'na lwcus bod e wedi digwydd mynd heibo, ontefe?

3: Nawr 'te, gadewch i ni rannu'r cwpane 'ma.

1: Hanner nhw i fi, sef 9. (*cyfri'r 9 yn araf, er mwyn i bawb gael gweld; yna eu dal*)

2: Un rhan o dair i fi, sef 6. (*cyfri'r 6 yn yr un modd*)

3: Ac un rhan o naw i fi, sef 2. Ond mae un ar ôl!

2: Sut yn y byd digwyddodd 'na nawr?

1: (*wrth rhif 2*) Dwedes di bod bwyd ar ôl pan fwydodd Iesu y pum mil, a nawr mae cwpan ar ôl, ar ôl rhannu'r cwpane. 'Falle mai Iesu roddodd y cwpan 'na i ni.

2: (*wrth rhif 1*) 'Falle wir. Wyt ti'n credu mewn gwyrthie nawr?

Llefarydd: Mae Iesu Grist yn hael ei roddion, a'r hyn mae'n rhoi sy'n fwy na digon.
Un hael ei gymorth yw o hyd, yn wyneb holl broblemau'r byd.

Emyn 412 i'r plant: Cariad Crist *Tôn 342*

Pregethai Crist yn synagogau'r wlad, ar lan y llyn, ar lethrau'r mynyddoedd ac yn yr awyr agored, ar hyd a lled Galilea. Pregethai i bawb oedd yn barod i wrando arno, faint bynnag oedd nifer y dyrfa. Ar adegau, âi o'r neilltu i weddïo a chael tawelwch, er mwyn ad-ennill ei nerth.
Dangosodd ef Dduw fel Tad oedd yn gofalu am holl anghenion ei blant, yn gorfforol, yn feddyliol, yn foesol ac yn ysbrydol; dangosodd ef fel Tad cariadus a thrugarog, fel Tad tosturiol a maddeugar. Ceisiodd ddysgu ei wrandawyr mai teyrnas ysbrydol oedd teyrnas Dduw, a bu, ar hyd ei fywyd, yn byw yn ôl gofynion y deyrnas honno.

'Roedd y croeso a gafodd Crist, ymhlith y bobl gyffredin, yn wahanol iawn i groeso'r Phariseaid a'r ysgrifenyddion iddo. Byw yn ôl gofynion y ddeddf a wnaent hwy. Condemniodd Crist eu dysgeidiaeth, oherwydd bod cadw at lythyren y ddeddf yn bwysicach yn eu tyb hwy, na charu Duw a chyd-ddyn. Gwrthwynebiad mawr a gafodd ganddynt, er mai hwy oedd arweinwyr crefyddol eu dydd. Buont yn chwilio am feiau arno, ac oherwydd eu cam-dystiolaeth, fe groeshoeliwyd y Meseia ei hun.

Emyn 537 i unigolyn: Ar y Groes *Tôn 451: Cae'r Gorlan*

(*Bydd angen ymarfer y canlynol, er mwyn iddo fod yn effeithiol*)

Y Croeshoeliad

Llefarydd yn y pulpud:
Fel y daeth proffwydoliaeth Eseia'n wir am enedigaeth Iesu, daeth yn wir am ei farwolaeth hefyd. Meddai'r proffwyd, "Fe'i harchollwyd am ein troseddau ni, a'i glwyfo am ein hanwireddau ni; 'roedd pris ein heddwch ni arno ef, a thrwy ei gleisiau ef y cawson ni iachâd. Rhoddwyd iddo fedd gyda'r rhai anwir, a beddrod gyda'r rhai drygionus, er na wnaethai gam â neb, ac nad oedd twyll yn ei enau."
Darllenwn yn yr efengylau am Iesu'n cael ei ddedfrydu i farwolaeth. Gwisgodd y milwyr ef â phorffor, plethasant goron o ddrain a'i gosod ar ei ben, gan ei gyfarch yn wawdlyd fel 'Brenin yr Iddewon'. Curasant ef a phoeri arno, plygasant eu gliniau ac ymgrymu iddo, ond nid mewn parch. Wedi iddynt ei watwar, tynasant y porffor oddi amdano, a'i wisgo â'i ddillad ei hun. Yna aethant ag ef allan i'w groeshoelio.

(*Bachgen yn dod i mewn yn araf trwy ddrws yn y cefn, gyda choron o ddrain ar ei ben, ac yn cario croes. Ar y ffordd ymlaen mae'n methu ei chario, ac mae bron â syrthio*)

Llefarydd: Llethwyd Iesu gan bwysau'r groes, a bu raid i Simon o Gyrene ei helpu i'w chario.
(*Bachgen arall yn dod i helpu'r cyntaf i'w chario. Saib eto gan y llefarydd, nes i'r ddau fynd allan trwy ddrws arall yn y pen blaen, os yn bosibl*)

Llefarydd: Naw o'r gloch y bore oedd hi pan groeshoeliwyd Iesu.

(*Mae sŵn hoelion yn cael eu curo yn effeithiol iawn yn y fan hon; yna saib*)
Llefarydd: O hanner dydd tan dri, bu tywyllwch dros yr holl wlad. Am dri o'r gloch, bu farw Iesu . . . . trosom ni.

Llais: Tôn 406: Pen-parc

Ai am fy meiau i
dioddefodd Iesu mawr
pan ddaeth yng ngrym ei gariad ef
o entrych nef i lawr?

Dioddefodd angau loes
yn ufudd ar y bryn,
a'i waed a ylch y galon ddu
yn lân fel eira gwyn.

Pan grymodd ef ei ben
wrth farw yn ein lle,
agorodd ffordd pan rwygai'r llen,
i bur drigfannau'r ne'.

ail-ganu'r ddwy linell yn araf -   Ai am fy meiau i
dioddefodd Iesu mawr?

Fi yw Iesu Barabbas, gŵr a garcharwyd am lofruddio. Buaswn i wedi cael fy nghroeshoelio heddiw, pe bai'r dyrfa wedi dewis gwneud hynny. Cofiaf eiriau Pilat y rhaglaw yn dda, "Pwy a fynnwch i mi ei ryddhau i chwi" meddai, "Iesu Barabbas, ynteu Iesu a elwir y Meseia?" 'Roedd hawl gan Pilat i ryddhau un carcharor adeg y Pasg, chi'n gweld.
Anfonodd gwraig Pilat neges at ei gŵr yn dweud, "Paid ag ymyrryd â'r gŵr cyfiawn yna, oherwydd cefais lawer o ofid mewn breuddwyd neithiwr o'i achos ef." 'Roeddwn wedi gweld gobaith am gael fy rhyddhau cyn hynny, ond pan ddaeth y neges hwnnw, suddodd fy nghalon. Dyma'r diwedd, meddyliais, ond na, ni wrandawodd Pilat ar ei wraig, er mor ddiffuant oedd ei neges hi.
Cododd fy ngobeithion unwaith yn rhagor, oherwydd dyma'r prif offeiriaid a'r henuriaid, sef arweinwyr crefyddol y bobl cofiwch, yn mynd ati i berswadio'r dorf i ofyn am fy rhyddhau i a rhoi'r carcharor arall i farwolaeth. Yna, dyna'r cwestiwn tyngedfennol yn dod, sef Pilat yn gofyn, "Prun o'r ddau a fynnwch i mi ei ryddhau i chwi?" Eiliad neu ddwy o ddychryn, yna gorfoledd pan glywais y bobl yn gweiddi "Barabbas." Eiliad neu ddwy arall o bryder mawr pan ofynnodd, "Beth, ynteu, a wnaf â Iesu a elwir y Meseia?" Rhyddhad arall wedyn, wrth glywed y dyrfa'n bloeddio "Croeshoelier ef", ac yn ail floeddio'r geiriau yn uwch eto, pan ofynnodd y rhaglaw, "Ond pa ddrwg a wnaeth ef?"

Druan o Pilat, gwnaeth ei orau i achub bywyd Iesu'r Meseia. Na, 'rwy'n cyfeiliorni nawr, ni wnaeth ei orau, oherwydd ganddo ef 'roedd y gair olaf ynglŷn â thynged yr Iesu arall yna, ond ofnai y byddai dewis cadw'r Meseia yn cynhyrfu'r bobl, ac 'roedd arno ofn i hynny ddigwydd, ofn am ei fywyd ei hun.
Golchodd ei ddwylo wedyn, gan ddweud, "Yr wyf yn ddieuog o waed y dyn hwn; chwi fydd yn gyfrifol." Pa les oedd mewn golchi 'i ddwylo dwedwch? Ni ellir golchi pechodau i ffwrdd mor hawdd â hynny. Mae hyd yn oed llofrudd fel fi'n gwybod hynny. Mae'n anodd credu ei fod wedi cael croeso gan ei wraig pan ddychwelodd adref chwaith, a chredaf y bydd ei gydwybod yn gwasgu arno am weddill ei oes hefyd.

A finnau? Beth amdana' i? Mae'n anodd esbonio'r peth, oherwydd ni cheisiais erioed ddod i adnabod Iesu mab Duw, ond ar ôl ei weld heddiw, gwn na fydda' i'r un fath byth eto. Cefais i, Iesu Barabbas, fy rhyddhau mae'n wir, ond bu Iesu'r Meseia farw yn fy lle i, ac ni wnaf fyth angofio hynny.

Sgwrs rhwng athrawes a thri o'r plant lleiaf

Athrawes: Nawr te blant, ydych chi'n cofio pa adeg o'r flwyddyn y bu Iesu farw?

Plentyn 1: Adeg y Pasg.

Athrawes: Ydych chi'n hoff o adeg y Pasg?

Y Plant: O ydyn.

Athrawes: Beth y'ch chi'n hoffi fwyaf amdano?

Plentyn 2: Gwyliau o'r ysgol.

Plentyn 3: Tywydd braf.

Athrawes: Rhywbeth arall?

Plentyn 1:

Plentyn 2: *(Dim ateb gan y plant)*

Plentyn 3:

Athrawes: Oes yna rywbeth pwysicach na hynny?

Plentyn 1: Cael wyau Pasg.

Plentyn 2: A lot ohonyn nhw.

Plentyn 3: Rhai a lot o smarties ynddyn nhw.

Athrawes: Ydy', mae'n braf cael wyau Pasg, ond mae rhywbeth lawer pwysicach na hynny'n digwydd adeg y Pasg. Am bwy ac am beth 'rŷn ni'n cofio?

Plentyn 1: Am Iesu Grist yn cael ei groeshoelio a'i roi mewn bedd.

Athrawes: Ie, dyna fe, Iesu Grist yn cael ei groeshoelio a'i roi mewn bedd. Nawr te, gadewch inni fynd yn ôl at yr wyau Pasg. Mae gyda fi un fan hyn, ond 'does dim smarties ynddo fe, wy Pasg gwag yw e. A allwch chi feddwl am rywbeth arall a ddaeth yn wag ar ôl i Iesu gael ei groeshoelio?

Plentyn 2: Y bedd.

Athrawes: Sut ddaeth y bedd yn wag?

Plentyn 3: Am fod Iesu wedi atgyfodi.

Athrawes: Ie, a dyna neges fawr y Pasg, Iesu Grist yn codi o'r bedd. Mae rhai yn credu mai dyna pam cafodd yr wyau Pasg cyntaf eu gwneud, ac mae'r syniad yn un prydferth iawn. Wyau Pasg gwag oedden nhw, er mwyn i bobl gofio am fedd gwag Iesu Grist. Gadewch inni rannu'r wy Pasg hwn nawr, ond peidiwch â'i fwyta fe nes bydd pob un wedi cael rhan. (*rhannu'r wy rhwng y plant, gan gynnwys y rhai ychydig yn hŷn*) Wrth i ni ei fwyta fe, gadewch inni gofio am Iesu Grist yn atgyfodi, sef dod o'r bedd yn fyw. (*bwyta'r wy*) Os byddwch chi'n bwyta rhagor o wyau Pasg eleni, gobeithio y byddwch chi'n cofio beth glywsoch chi heddi'.

Tyfu'n debyg i Iesu (*i 8 o'r plant hŷn - llefarydd a 7 adroddwr*)

Un tro, dywedodd Iesu wrth y dyrfa oedd wedi dod i wrando arno-

"Chwi yw halen y ddaear; ond os cyll yr halen ei flas, a pha beth yr helltir ef? Nid yw'n dda i ddim bellach ond i'w luchio allan a'i sathru dan draed gan ddynion. Chwi yw goleuni'r byd. Ni ellir cuddio dinas a osodir ar fryn. Ac nid yw pobl yn cynnau cannwyll ac yn ei dodi dan lestr, ond yn hytrach ar ganhwyllbren, a bydd yn rhoi golau i bawb sydd yn y tŷ. Felly boed i'ch goleuni chwithau lewyrchu gerbron dynion, nes iddynt weld eich gweithredoedd da chwi, a gogoneddu eich Tad, yr hwn sydd yn y nefoedd."

Mae Iesu'n dal i alw arnom ni i fod yn halen y ddaear ac yn oleuni'r byd, ond cyn y gallwn ni fod felly, mae'n rhaid inni geisio byw yn dda, fel Iesu ei hun. Dyma rai o'r gweithredoedd y dylem ni geisio eu hosgoi- (*y llefarydd i ddweud y testunau yn eu tro, cyn bod pob plentyn yn adrodd y penillion*)

TRACHWANT
Derbyniais ffrwythau hyfryd
Gan fy mamgu yn rhodd,
Llond bocs o ffrwythau melys,
A theimlais wrth fy modd.

Bwyteais dair banana
Cyn codi lan o'r stôl,
A chyn pen fawr o amser,
Nid oedd un ffrwyth ar ôl.

"A siariaist ti y ffrwythau?"
Gofynnodd fy mamgu,
Ac O, 'roedd hi mor anodd
Cyfaddef wrthi hi.

EIDDIGEDD
Yn 'r ysgol, bum i'n cyfrif
Tri, pedwar, pump a saith,
Ond ces, er treio 'ngorau,
Y swm yn rong sawl gwaith.

Bob tro, fe gefais ateb
Gwahanol, wir i chi;
Un deg a saith, ..a deuddeg, .
Ac un tro, pum deg tri!

Pan welais lyfr Dafydd,
A'r holl atebion iawn,
Ni ddylwn eiddigeddu
Pan gafodd farciau llawn.

ESGEULUSTOD
Fe fûm i yn esgeulus,
Gadewais iet yr ardd
Ar agor, 'r ôl bod yno'n
Edmygu'r llecyn hardd.

Ond defaid dyn drws nesa
Aeth mewn i'r ardd yn syth;

TORRI ADDEWID
Addewais fynd i siopa
Dros Mrs Jones, Tŷ Draw,
Ond es i ddim, oherwydd
Dechreuodd fwrw glaw.

Ond nawr, 'rwy'n penderfynu
I gadw 'ngair o hyd,

Nid wyf am weld golygfa
Fel honna eto byth.

Pan welais y fath lanast,
Fe deimlais i mor ffôl,
Can's dwedodd Mam,"Gofala
Gau'r iet 'na ar dy ôl".

BALCHDER
Fi ga'dd y marciau uchaf
'N y dosbarth un dydd Llun,
Am ysgrifennu traethawd,
A'r testun, 'Fi fy hun'.

"Sgrifennaist yn rhagorol",
Oedd geiriau f' athro cu,
Ac es i deimlo'n bwysig,
Fel paun yn lledu 'i blu.

Fe ddwedais wrth fy ffrindiau,
"Rwy'n well na chi bob un",
Ond gwnes i gamgymeriad
I ganmol fi fy hun.

Fel na fydd neb yn dioddef
O'm hachos i'n y byd.

TWYLL
Meddylais gallwn dwyllo
Fy mam â chelwydd bach;
Rhag mynd i'r ysgol, dwedais
Nad own i'n teimlo'n iach.

Ond dwedodd Mam yn union,
"Nid wy'n dy gredu di",
A theimlais yn anhapus
Am geisio 'i thwyllo hi.

OSGOI CYFRIFOLDEB
Fe dorrais ffenest cegin
Miss Ifans, Rhyd-y-Pant,
Ond pan ddaeth mas i holi,
Fe redais innau bant.

'R ôl imi wneud drygioni,
Cyfaddef ddylwn wneud;
Os bydda' i'n ddrwg byth eto,
'Rwy'n addo bydda' i'n dweud.

PAWB: Mae angen inni geisio byw
O hyd fel Iesu Grist;
Wrth fyw fel Iesu, ni fydd neb
O'n hachos ni yn drist.

Er i'n Gwaredwr farw ar y groes, ac er iddo gael ei roi mewn bedd, atgyfododd Iesu, a throdd y tristwch yn lawenydd. Meddai Thomas Levi yr emynydd-

Yr Iesu atgyfododd
   yn fore'r trydydd dydd;
'n ôl talu'n llwyr ein dyled
   y Meichiau ddaeth yn rhydd:

Cyhoedder heddiw'r newydd
   i bob creadur byw,
er marw ar Galfaria,
   fod Iesu eto'n fyw.

A ble mae Iesu heddiw? Mae ble bynnag y mae dynion yn ei geisio, ble bynnag mae dynion yn mentro drosto ac yn rhoi lle i'w egwyddorion yn eu calonnau; mae ef ble bynnag mae dynion yn bwydo'r newynog a gweithio dros heddwch yn ei enw. Boed inni siarad amdano, oherwydd nid oes gwell testun i'w gael na 'Iesu, yr un a fu farw trosom ac a atgyfododd'; boed inni hefyd weithio yn ei enw.

Profodd, trwy ei atgyfodiad, bod bywyd yn gryfach nag angau, bod daioni yn gryfach na drygioni a chariad yn gryfach na chasineb. Mae Iesu heddiw'n eiriol ar ein rhan; nid 'Iesu Grist ddoe' yn unig yw ein Gwaredwr ni, ond 'Iesu Grist ddoe, heddiw ac am byth.'

Am hynny, gorfoleddwn a chlodforwn Dduw.

GWEDDI YR ATGYFODIAD (allan o *Mawl ac Addoliad*)
(Llun-gopïwch gopïau ar gyfer y gynulleidfa)

Arweinydd: Molwn Di, O Dduw, Awdur Bywyd;
Pawb: am y bedd gwag;
ac am arwydd clir hanesyddol o'th allu.

Arweinydd: Diolchwn i Ti O Dad nefol:
Pawb: am gyhoeddi dy fod yn derbyn aberth dy Fab;
am symud ymaith ein pechod a'n cosb dragwyddol, wrth i Ti symud ymaith y maen; am y Sul fel gŵyl wythnosol, i ddathlu'r fuddugoliaeth ar bechod a'r bedd.

Arweinydd: Canmolwn di, O Dduw y rhai byw:
Pawb: am gysur a gorfoledd yr atgyfodiad;
am sicrwydd atgyfodiad dy bobl;
am addewid o fedd gwag i ni;
am obaith o fod yn debyg iddo Ef.

Arweinydd: Helpa ni, Arglwydd, trwy dy Ysbryd:
Pawb: i fod yn dystion i atgyfodiad Crist;
i amlygu ei fywyd yn ein bywyd ni;
i gyflwyno gobaith y bedd gwag i eraill.

Arweinydd: Arglwydd, derbyn ein gweddi, trwy Iesu Grist ein bywyd.
Pawb: Amen.

Emyn 553:   Yr Iesu atgyfododd   *Tôn 466: St. Theodulph*

Cyd-weddïwn:
Helpa ni, O Duw, i gredu yng Nghrist yr Atgyfodiad a'r Bywyd, a gweithio yn ei enw ar hyd ein hoes. Amen.

CADW RHOD DUW I DROI

Cyd-weddïwn:

Down gyda gwylder, O Arglwydd, yn awr,
I ddiolch am roi inni gariad mor fawr -
Cariad heb ddechrau na diwedd, can's daw
O'th galon dyner yn ddyddiol i'n llaw;
Bydded i'th gariad ein cymell o hyd
I'w rannu ag eraill wrth deithio drwy'r byd. Amen.

Cân i barti: **Cariad yw Duw**   *Tôn: The Glory Song*
(Alexander's New Revival Hymns)

"Cariad yw Duw", dyma'r cysur a ddaw
beunydd i'm cadw rhag pryder a braw;
pan ddaw amheuon, daw'r cariad a'i wres
ataf i'm tynnu at f' Arglwydd yn nes.

Cytgan :   Cariad fy Nuw, gwir gariad yw,
daw imi'n rhad, daw heb nacâd;
prawf o'i anwyldeb yw cyfoeth ei wledd,
ynddi arlwyir maddeuant a hedd.

"Cariad yw Duw", dyma'r sicrwydd a rydd
ddewrder i'w ddilyn trwy 'mywyd mewn ffydd;
daw i'm hadfywio pan sudda fy mron,
cwyd fi a'm gosod ar ymchwydd y don.
    Cytgan:

"Cariad yw Duw", dyma'r sylfaen ddi-ffael,
cymorth fy Nghrëwr sydd wastad ar gael;
am ei ddaioni siaradaf yn hy,
ar ei addfwynder saernïaf fy nhŷ.
    Cytgan:

"Cariad yw Duw", dyma'r fendith a roes
hyder i Iesu pan oedd ar y groes;
digon i 'Ngheidwad oedd cariad ei Dad,
digon i minnau yw 'i gysur di-wad.
    Cytgan:

Testun yr oedfa hon yw "Cadw rhod Duw i droi". Mae'n siwr ein bod ni i gyd wedi gweld melin flawd sy'n gweithio, neu wedi bod yn gweithio gyda rhod ddŵr, sef yr olwyn fawr a welir y tu allan i furiau'r felin. Mae'r melinydd yn troi dŵr yr afon i gyfeiriad y rhod, er mwyn ei alluogi i fynd ati i falu ceirch, gwenith a.y.y.b. a'u troi nhw'n flawd.

Fe geisiwn yn awr i gyffelybu aelodau o eglwys Crist i ddŵr yr afon; mae pob un ohonon ni yn ddiferyn o ddŵr yn afon Duw. Y rhod yw'r man lle mae dyn yn gweithio dros Grist: gall y rhod, felly, fod yn yr eglwys, yn y cartref, yn y gymuned, neu'n wir pa le bynnag y byddwn ni'n gwasanaethu Crist, er mwyn i Dduw a'i deyrnas gael eu hamlygu yn y byd.

Y blawd yw'r efengyl, ac fel mae'r blawd mewn melin yn ymborth i gorff dyn, mae'r efengyl yn ymborth i enaid dyn. Ar ôl i'r grawn gael ei falu, mae angen rhannu'r blawd yn deg, er mwyn i bawb gael eu digoni; felly hefyd gyda'r efengyl, mae angen ei lledaenu, er mwyn i bawb gael cyfle i glywed amdani, mewn gobaith y byddant yn ei chroesawu i'w calonnau.

Y Melinydd sy'n troi'r dŵr, sef ni, i gyfeiriad rhod y felin yw Iesu Grist, ac mae'n gofyn i ni i droi'r rhod iddo, a thrwy hynny ei gynorthwyo i ledaenu ei efengyl. Os gwrthodwn, 'rŷn ni'n osgoi ein cyfrifoldeb, ac yn esgeuluso ein braint.

Melinau Duw   (gan Abiah Roderick)

Clywais hen druan yn canu un noswaith ar balmant y dre,
Y noson yn oer ac yn unig, heb seren yn gwenu'n y Ne',
'Doedd fawr o ddim yn ei ganu, ond O! yr oedd geiriau ei gân
Yn sôn am ryw felin yn malu, rhyw felin yn malu'n fân.

Rhois geiniog i'r truan o'i drafferth,es adre i aelwyd a thân,
Es adre gan gredu'r anghofiwn y truan a geiriau ei gân,
Ond na, yr oedd sŵn yr olwynion yn torri o hyd ar fy nghlyw,
Gan ddweud bod y felin yn malu o hyd,a pherchen y felin yw Duw.

Ni wn beth yw ystyr uffern, na thynged y byd a ddaw,
Ond gwn mai Duw yw'r Melinydd ar bopeth fydd maes o law;
Daw golau ar bob tywyllwch, i ddangos y brwnt a'r glân,
Araf yn malu mae melin Duw, ond mae'n malu'n rhyfeddol o fân.

Ti sydd â rhith o grefydd yn cuddio dy noethni gwael,
A'th roddion aml i gapel a llan i ddweud am dy galon hael,
Clyw,all capel na chrefydd dy achub,os nad yw dy galon yn lân,
Araf yn malu mae melin Duw, ond mae'n malu'n ofnadwy o fân.

A ddwedaist ti rywbeth, rywbryd,a fu'n achos i rywun gael loes?
A roddaist ti ragor o bwysau i rywun a fu dan ei groes?
Fe ddaw'r cwbl i'r golwg rywbryd, cyn wired â geiriau'r gân:
Araf yn malu mae melin Duw, ond mae'n malu, mae'n malu'n fân.

'Dyw'n hamser ni yma ond diwrnod mewn byd,er ei droeon trofáus,
Dieithriaid ŷm ni ar y ddaear, nid oes yma ddinas barhaus;
Daw amser casglu'r ysgubau; a glywi di eiriau'r gân?
Araf yn malu mae melin Duw, ond mae'n malu'n rhyfeddol o fân.

Clyw ar y cloc yn tician, pa le mae dy ysgub ffrind?
Mae'r melinydd am ei gweld hi gyfaill;dere,y mae'r amser yn mynd:
Rhaid i bawb ddod â'i ysgub i'r felin, cyn wired ag y llosgo'r tân,
Os araf yn malu mae melin Duw, mae'n malu, mae'n malu'n fân.

Emyn: **Moliannu Duw**   *Tôn 110: Preseli*

Cyd-foliannwn di, O Arglwydd,
  am bob cennad fu'n ein gwlad
yn lledaenu dy efengyl
  ac ehangu dy fawrhad;
trwy eu cariad a'u hymroddiad
  clywodd Cymry am dy ras,
ac am Iesu 'r un ddaeth atom
  i'n gwas'naethu ni fel gwas.

Cyd-weddïwn arnat, Arglwydd,
  heddiw, pan ddirmygir Crist,
a phan ddengys trais a gormes
  effaith oes y cilio trist;
fe gei di dy anwybyddu
  pan roir grym yn nwylo dyn;
tyn ni'n ôl o'n crwydro'r awron
  at dy gariad pur dy hun.

Cyd-ddiolchwn iti, Arglwydd,
  am genhadon ddyddiau fu,
ond wrth ddiolch, gwna ni'n gludwyr
  neges gras dy galon di;
rho i Gymry eto archwaeth
  at d' efengyl di, O Dad,
nes i'th hedd a'th gariad tadol
  lywodraethu yn ein gwlad.

Wrth alw arnom i droi rhod Duw, gofyn am ein gwasanaeth a wneir, ond yn ogystal â gofyn, mae Duw yn rhoi hefyd, ac yn rhoi yn helaeth. Yn Nameg y Wledd Fawr, mae Iesu'n ein gwahodd i'r wledd a ddarparodd Duw ar ein cyfer, sef gwledd ei deyrnas ef, ond y mae'r rhai cyntaf a wahoddwyd yn gwrthod y gwahoddiad.

"Yr Arlwy"
Darparwyd y wledd fawr,
estynnodd y Gwas y gwahoddiadau,
ond gwrthododd y gwahoddedigion ymateb;
ni newidiodd un drefniadau ei fywyd prysur,
ond aeth pawb o amgylch eu gorchwylion fel arfer,
ac aeth yr alwad dros gof,
fel cysgod ar ddiflaniad yr haul.

Er yr arlwy berffaith,
nid oedd diddordeb gan y rhain i gyfrannu ohoni.
Prynodd un dyddyn, un arall ychen,
priodi wnaeth y trydydd;

ymesgusododd y tri wedyn yn ddigon cwrtais
a mynd ymlaen â'u tasgau dyddiol;
ni theimlent yr awydd na'r angen i fynd i'r wledd,
gan i bleserau'r byd lanw eu bywydau,
megis cnau'r hydref.

Siomwyd y Gwesteiwr
pan welodd y seddau gweigion,
oherwydd difaterwch a diffyg parch
y gwahoddedigion hyn tuag ato;
ni roddodd ail wahoddiad iddynt,
ond cafodd air â'i Was.
Gwahoddodd hwnnw'r rhai distadl,
tlodion, deillion a chloffion,
a llawenhawyd calon y Meistr
gan eu hawydd i fynychu ei wledd,
ond er derbyn eu gwala, ni wacawyd y bwrdd!

Galwyd ar gardotwyr o'r heolydd,
y carpiog a'r unig, ac aethant heb betruso dim,
er boddhad eto i Drefnydd y wledd.
Synnwyd y gwahoddedigion,
gan fod lle i ragor a'r bwrdd yn dal yn llawn!

Mae lle yno o hyd!
mae gwahoddiad i bawb,
y bwrdd wedi ei hulio a'r arlwy'n ddiderfyn.
Gwledd o gariad a hedd yw hi,
gwledd i'w mwynhau
yng nghwmni'r Meistr a'r Gwas.

Yn Nameg y Wledd Fawr, mae'r gwas yn dweud wrth y rhai a wahoddwyd, "Dewch, y mae popeth yn barod", yna 'rŷn ni'n cael y gair bach 'ond' yna, ond dechreuodd pawb ymesgusodi yn unfryd. 'Roedd popeth yn barod ar gyfer y wledd 'roedd Duw wedi ei darparu , ond 'doedd y rhai a wahoddwyd ddim am fynd iddi.

'Roedd un wedi prynu cae, ac am fynd i'w weld;
'Roedd un arall am fynd i brofi'r ychen a brynodd;
Esgus y trydydd oedd ei fod newydd briodi.

Mae'n siwr y gallai'r cyntaf fod wedi mynd i weld ei gae trannoeth, gallai'r ail fod wedi mynd i brofi ei ychen trannoeth, a gallai'r trydydd fod wedi mynd â'i wraig gydag ef i'r wledd, oblegid mae Duw'n darparu ar gyfer pawb.

Pe byddai'r wledd yn ddarpariaeth o fwyd a diod i'r corff, tebyg iawn y byddent i gyd wedi mynd iddi, ond ymborth i'r enaid oedd yn y wledd hon, a 'doedd y gwahoddedigion ddim yn barod i newid eu trefniadau er mwyn mynd iddi. Ond onid oes awydd mewn dyn i gyfranogi o wledd y deyrnas os yw yn caru Duw? Ac os yw'n caru Duw, onid yw'n awyddus i'w wasanaethu? Gwasanaethodd Iesu ei Dad ar hyd ei oes, a gwahoddodd eraill i wneud hynny hefyd, a dyna a wna o hyd.

Cân: Estyn Dwylo   Tôn 221:
Paderborn

Cofleidio'r trallodus yn fwyn a wnaeth Crist,
  pan welodd anghenion yr eiddil a'r trist;
pan redodd plant bychain y wlad ar ei ôl,
  estynnodd ei ddwylo a'u codi i'w gôl.

Gŵr claf o'r gwahanglwyf a geisiodd lanhad,
  a Christ a dosturiodd pan welodd ei stad;
"Rwy'n mynnu dy wella", atebodd yn hael,
  gan estyn ei ddwylo a chyffwrdd â'r gwael.

'R ôl syllu i lygaid anobaith dyn dall,
  ein Harglwydd, yn ebrwydd, gywirodd y gwall,
estynnodd ei ddwylo i'w hiro â chlai,
  am fod ei drugaredd yn llifo'n ddi-drai.

Adfywiodd ferch Jairus trwy estyn ei law,
  ar waethaf y dyrfa ddirmygus gerllaw:
wrth estyn ei ddwylo i'r byddar a'r mud,
  datodwyd y rhwymau a'u llethodd cyhyd.

Un dydd, ger Bethania, cyn esgyn i'r nef,
  bendithio'r disgyblion â'i ddwylo wnaeth ef:
os nerthwn y gweiniaid pan glywn ni eu cri,
  parhau i fendithio a wna, trwom ni.

Troi rhod Duw a wnawn bob tro y byddwn yn hyrwyddo ei deyrnas, mewn gair neu weithred. Gan mai cyffelybu ein hunain i ddefnynnau o ddŵr yr afon a wnawn yn yr oedfa hon, cofiwn bod afon yn llifo mlaen bob eiliad o bob awr; nid yw byth yn sefyll yn ei hunfan, mwy nag ydym ni yn ein bywydau. Cyn pen fawr o dro, mae'r diferion dŵr yn cyrraedd y môr, a ninnau hefyd yn dod i derfyn ein taith yn y byd. Mae'n rhaid inni felly ddal ar bob cyfle a gawn i droi rhod Duw, oblegid dim ond unwaith mae pob diferyn yn llifo i'r môr. Nid yw afon byth yn llifo'n ôl i'r bryn lle dechreuodd ei thaith, mynd ymlaen a wna o hyd; nid ydyn ni'n cael mynd yn ôl i'n plentyndod, ac ail ddechrau ar daith bywyd chwaith.

'Rŷn ni'n rhuthro o un man i'r llall yn aml, gan achwyn nad oes digon o amser gyda ni i wneud popeth y carwn ni eu gwneud. Efallai mai oherwydd ein bod yn gwastraffu ein hamser gyda phethau dibwys bywyd y mae ein hamser yn brin. Mae'n siwr bod Duw wedi rhoi digon o amser inni wneud yr hyn mae Ef am inni ei gyflawni tra fyddwn ni'n y byd.

Os mai dim ond ychydig o ddŵr sy'n llifo i ryw gyfeiriad, 'does yna ddim bwrlwm i'w gael. Felly mae hi yn ein heglwysi ni'n aml hefyd, mae'r brwdfrydedd yn brin. Ni all ychydig ddiferion o ddŵr droi rhod, mae'n anodd i ychydig o aelodau, yn eu nerth eu hunain, lwyddo mewn eglwys hefyd, pa mor awyddus bynnag ydynt i weld yr eglwys yn llewyrchus. Cofiwn, serch hynny, i Iesu ddweud un tro, "Y dyn sy'n credu ynof fi, ohono ef, fel y dywed yr Ysgrythur, y bydd ffrydiau o ddŵr bywiol yn tarddu". Ein ffydd ni yng ngallu Crist, felly, sy'n rhoi brwdfrydedd yn ein calon, ac ni all eglwys lwyddo heb ffydd yn yr un sy'n ei galw i droi rhod Duw. Gall Crist gyflawni gwyrthiau.

Emyn 410 i blant: **Cariad Iesu**   ***Tôn 340***

O ddechrau'r Beibl, hyd ei ddiwedd, a thrwy'r canrifoedd, cawn hanesion am bobl yn troi'r rhod i Grist, mewn gwahanol ffyrdd ac mewn gwahanol fannau. Troi'r rhod i'w Gwaredwr wnaeth Mair, pan ddaeth â'r ffiol alabaster o ennaint drud a'i dywallt ar ben Iesu. Cafodd ei chondemnio gan ddisgyblion Crist, ond ei chanmol wnaeth Crist ei hun. Sôn am hyn a wna'r delyneg nesaf.

Y Blwch
Y blwch alabaster o ennaint pur
A dorrwyd i leddfu ychydig o'i gur,
Ond y deuddeg gŵr oedd yn dilyn Crist
A drodd yr act brydferth yn adwaith trist;
Gallesid ei werthu am bres er budd
Y tlodion a drigai'n ddi-wên eu grudd,
Ond Mair a adnabu Crist, rhaid oedd rhoi bri;
Yn y blwch yr oedd cynnwys ei chalon hi.

Mae angen pobl â'u calon yn y gwaith i droi rhod Duw. Mae'n haws i fynd ymlaen gyda'r llif, ond comisiwn Iesu i'w ddisgyblion, cyn ei esgyniad oedd, "Ewch i'r holl fyd a phregethwch yr efengyl i'r greadigaeth i gyd", a'r un yw ei gomisiwn i ni heddiw, felly mae yna waith i'w wneud, ac mae e'n ein gwahodd ni i droi'r rhod, mewn dyddiau pan mae difaterwch amlwg i'w weld ynglŷn â'r efengyl, er bod angen mawr am ei dylanwad. Merch ifanc oedd Mari Jones o Lanfihangel y Pennant, pan ddechreuodd droi'r rhod i Dduw, ond mae ei hanes yn wybyddus i bawb.

Sgets i bedwar o blant, sef A, B, C a Mari Jones. A, B a C i ddod ymlaen un ochr, Mari i ddod yr ochr arall a'r pedwar yn cyfarfod â'i gilydd yn y pulpud neu'r sêt fawr.

A: Helo, Mari Jones, 'rwyt ti allan yn gynnar!
        Fel arfer, 'rwyt ti'n codi braidd yn ddiweddar.

Mari: Fe godais yn gynnar er mwyn mynd i siopa,
        A hynny mewn tref braidd ymhell, sef y Bala.

B: Mae digon o fêl, te a blawd yn Nolgellau,
        Heb sôn am reis, siwgwr a phob math o ffrwythau;
        Paid cerdded i'r Bala, mae honno'n daith unig.

Mari: Ond heddiw, 'rwyf am brynu rhywbeth arbennig!

C: Ho! Ho! 'Dyw hi, Mari, ddim fel pob merch normal!
        Mae'n rhaid i Miss Mari Jones gael rhywbeth sbesial!

A: Ffrog sidan?

B: Clustlysau?

C: Neu het â rubanau?
Mari: Na, Beibl i'w ddarllen, 'rôl gorffen fy nhasgau.

A: Hen Feibl hen ffasiwn! Mynd 'r holl ffordd i'r Bala
Er mwyn darllen hanes hen bobl fel Adda!

Mari: Ond beth am yr hanes am Dduw a'i fab Iesu?
'Rwyf am ddod i'w nabod hwy'n well; beth am hynny?

B: Mae'n well i ti, Mari, gael pâr o esgidiau!

Mari: Mae'n well gen i Feibl; dydd da ichi ffrindiau. (Mari'n mynd ar ei thaith)

C: 'Rwyf nawr yn difaru fy mod i wedi 'i herian;

A: Ie, 'fallai mai Mari sy'n iawn wedi'r cyfan.

Emyn 135:   Diolchwn oll i Dduw   *Tôn 109: Nun Danket*

Gofynnwyd i ryw ddyn a fyddai e'n barod i dynnu'r capel lle'r oedd e'n aelod lawr, a'i ateb oedd, "O na, 'falle bydda' i am fynd iddo ryw ddiwrnod", rhyw ddiwrnod, ond nid yw yfory byth yn dod, felly,

>Paid gadael tan yfory
>'R hyn sydd o fewn dy allu,
>Can's os dy heddiw'n segur fydd,
>Try 'fory'n ddydd difaru.

Cyd-weddïwn:

>Heddiw, cyflyra ein cariad, O Dad,
>At harddwch dy gread a'i gynnwys;
>Boed inni goleddu'r ddarpariaeth a gaed,
>Nid llunio maes gwaed o'th baradwys.

>Heddiw, grymusa'r talentau a ddaeth
>I'n dwylo, ag archwaeth i'w harfer;
>Er budd ein cyd-ddynion, a thros dy fawrhad,
>Gwna'n doniau'n ddadleniad o'th geinder.

>Heddiw, cyfeiria ein rhodiad, mewn oes
>O ryddid i foesau difrawdol;
>Rho ysbryd Crist-debyg yng nghalon dy blant,
>A ffyniant i'r bywyd rhinweddol.

>Heddiw, gofynnwn i Ti ein cyffroi

I droi'r tŷ addoliad yn weithdy,
  Ac na foed in adael, yn enw Mab Mair,
   'R un weithred na gair, tan yfory.
O Dduw, dysg inni dderbyn gwahoddiad Crist heddiw, a gwneud ein gorau drosto o ddydd i ddydd, er mwyn ei enw. Amen.

Cân i unigolyn neu barti: Mae Duw yn gofyn   Tôn: *Plysgog* M9.
(gw tud 28)

Gofynni am fy llygaid
  i ddangos im, O Dad,
y ffordd a drefnaist imi,
  ffordd cymod a llesâd;
ar hon ni roddir gofod
  i wawd na theimlad cas,
can's dyma'r ffordd bu Iesu
  yn puro gynt â'i ras.

Gofynni am fy ngenau
  i sôn am d' eiriau glân,
a'r cysur a estynni
  i'th blant yn ddiwahan;
yn wyneb anghyfiawder
  sy'n rhoi i gyd-ddyn loes,
caf ddweud am rym dy gariad
  a'i obaith i bob oes.

Gofynni am fy nwylo,
  i'w hestyn at fy mrawd,
a'u hagor i ddiwallu
  y sypyn prin o gnawd;
gofynni imi 'u hestyn
  at Grist ar oriau sen,
i dynnu'r goron bigog
  o ddrain oddi ar ei ben.

Gofynni am fy nghalon
  i'w llwyr feddiannu hi,
y galon sy'n petruso
  pan ddaw dy alwad di;
O planna d' ysbryd ynof
  i gadarnhau fy ffydd,
nes rhof fy hun yn gyfan
  i ti, o ddydd i ddydd.

Dywedodd Iesu, yn Nameg y Ddau Fab, "Dos heddiw a gweithia yn y winllan", ac meddai wrth Sacheus, "Y mae'n rhaid imi aros yn dy dŷ di heddiw". Meddai Paul wrth yr Effesiaid, "Oherwydd ei waith ef ydym, wedi ein creu yng Nghrist i fywyd o weithredoedd da, bywyd y mae Duw wedi ei drefnu i ni o'r dechrau". Nid diwrnod fan hyn a fan draw yw hi i fod felly, ond bywyd o wasanaethu Duw a chyd-ddyn, bywyd o droi'r rhod, ac mae'n anodd i ddyfalbarhau, on'd yw hi?

Efallai ein bod ni'n teimlo weithiau, na wnaiff hi fawr o wahaniaeth i rod Duw a fyddwn ni yno neu beidio, ond mae pob diferyn yn cyfrif pan mae yna rod i'w throi. Mae i bob un ohonon ni ei le, ei swydd a'i gyfle yng nghynllun Duw. Mae ganddo waith i bawb.

Mewn llawer o gapeli, gwelir pentwr mawr o lyfrau emynau yn y cyntedd, a rhywun yno yn estyn llyfr i'r ymwelwyr. 'Roedd Jên wedi sylwi bod y llyfrau'n cael eu gadael braidd yn anniben ar ddiwedd yr oedfaon, ac 'roedd hi wedi mynd ati i roi'r pentwr 'nôl yn daclus ar ddiwedd pob oedfa, heb fod neb wedi gofyn iddi. Un bore Sul, canmolodd y gweinidog hi, ond meddai un o'r aelodau, "Gallai unrhyw un wneud y gwaith yna", ac meddai'r gweinidog, "Gallai, fe allai unrhyw un ei wneud, ond dim ond Jên sydd yn ei wneud". Diolch fyth, mae yna bobl fel Jên i'w cael o hyd, pobl sy'n troi'r rhod i Dduw, heb i neb ofyn iddyn nhw.

Mae gan Dduw weithwyr o hyd, rhai sy'n gweithio'n dawel i wneud bywyd yn esmwythach i eraill, rhai sy'n gweld yr angen ac yn mynd ati i gyflawni'r gorchwyl yn llawen yn enw Duw, rhai syn troi'r rhod heb fyth laesu dwylo.

Salm i weithwyr tawel Duw

Ti, Arglwydd, a'u creodd hwy,
y rhai sy'n anelu at gymdeithas glòs;
y rhai sy'n sychu chwys o dalcen poeth,
neu ddagrau o lygaid y galarus
â'u hancesi eu hunain.
Llawenhawn yn eu cwmni.

Anwylant ruddiau creithiog,
sychant friwiau gwaedlyd
heb ofni baeddu eu dillad gorau;
penliniant yn y llwch i anwesu'r anafus,
neu godi'r meddwyn yn ddi-gerydd.
Eu tiriondeb sy'n llefaru cyfrolau
pan na lefara eu gwefusau air.
Dy ddwylo di yw eu dwylo hwy.

Curant ar ddrws cymydog oedrannus
pan fydd y llenni heb eu tynnu,
cariant negesau pan fydd yr eira'n lluwchio,
a chodant galonnau pan syrth y cenllysg.
Hwy, O Dduw, yw ein cysgod mewn storm.

I'r dall, darllenant;
i'r unig, cadwant gwmpeini;
cysgodant yr ofnus
a rhoddant bwrpas byw i'r gwan-galon.
Brodiaist eu mentyll â thangnefedd.

Safant ar gorneli strydoedd y dre
a'u blychau'n araf lenwi,
am i lygaid apelgar y newynog
gyffroi angerdd a thosturi yn eu calonnau;
dyfalbarhant yn siriol
er i lawer ddymuno osgoi eu gweld.
Molwn di am iti eu geni i'n daear.

Dy weithwyr tawel di, ein Tad,
sy'n esmwytháu llwybr eu plentyn methedig
yn llawen o ddydd i ddydd,
heb deimlo caethiwed.
Maent fel bordydd wedi 'u hulio
â chariad, amynedd ac ymroddiad parhaus -
danteithion o'th stordy di, eu Cynhaliwr.

Creaist weithwyr tawel
i gadw drws dy Dŷ ar agor;
cerddant trwyddo o Sul i Sul,
gwrandawant a myfyriant,
a rhoddant dy gannwyll mewn canhwyllbren,
gan oleuo'r ffordd i'th Deyrnas di i eraill.
Eu Sul a barha am wythnos.

Hwy yw llawenydd a harddwch bro,
hwy sy'n iro olwynion cymdeithas
a'u cadw i droi'n esmwyth,
yn enw dy Fab.

Mae eu hosgo'n wylaidd, eu ffydd yn gynhaliol,
a'u lleferydd mor addfwyn ag awelon y gwanwyn.
Gwyn eu byd dy weithwyr tawel di.

Emyn: **Diolch am y Gair**   *Tôn 480: Mary*

Down ger dy fron i roi mawrhad
i ti, ein Tad cariadlon,
Gan ddiolch am y Gair a rydd
i'n ffydd i dystio'r awron.

O bydded eto Gymry fydd
a'u ffydd yng ngrym'r Ysgrythur
a'u cred yn gryf yn ngallu'r da
i ddifa'r drwg didostur.

Mae d' Air yn cymell glendid moes,
na foed i'n hoes ei wrthod;
fe'n dysg bod gennyt gariad rhad,
y cariad nad yw'n darfod.

I'r rhai sy'n hau dy eiriau glân
rho dân yn eu calonnau
i bawb a glyw d'efengyl bur
eglura dy fwriadau.

Gwna ni'n genhadon er dy fwyn,
di-gŵyn mewn gair a gweithred,
fel bo dy Air, ar hyd ein bro,
yn ffrwytho ar ei ganfed.

'Rŷn ni'n byw mewn oes pan mae llawer yn amharod i arddel Crist, heb sôn am genhadu, ac maent yn barod iawn i wawdio'r rhai sy'n mynychu lle o addoliad. Pan oedd un hen wraig, a fu'n ffyddlon i Grist drwy'i hoes, yn dod allan o oedfa un tro, gofynnodd rhywun oedd yn digwydd mynd heibio iddi'n wawdlyd, "Ydych chi wedi ffeindio Crist o'r diwedd?". Ei hateb hi oedd, "Wyddwn i ddim ei fod ar goll". 'Doedd cael ei gwawdio ddim yn gwneud unrhyw wahaniaeth i'r hen wraig, oherwydd 'roedd hi wedi bod yn troi'r rhod drwy'i hoes, ac 'roedd ei ffydd hi'n ddigon cadarn i wrthsefyll unrhyw wawd.

Mae plant yn gallu troi rhod Duw yn llwyddiannus iawn pan fyddant yn gwneud hynny, oherwydd eu brwdfrydedd. Mae'n bwysig eu hannog i ddod i oedfaon, er mwyn iddynt glywed am Dduw a dod i'w adnabod ym more oes. Boed iddynt hefyd weld y rhai hŷn yn cael llawenydd wrth addoli Duw a gwasanaethu Crist.

Mae yna limrig Saesneg sy'n mynd fel hyn,

> *God's plan made a hopeful beginning,*
> *But man spoiled his chances by sinning,*
> *We trust that the story*
> *Will end in God's glory,*
> *But at present the other side's winning.*

Er bod hynny'n ymddangos yn wir ar adegau, rhaid inni beidio â llaesu dwylo, oherwydd optimistiaid sydd angen ar Grist i droi'r rhod, a ddiffiniad da o optimist yw rhywun sy'n gwisgo ei wregys diogelwch cyn mynd ati i ddechrau ei gar ar fore o rew caled. Peidiwn â digalonni, oblegid mae Duw gyda ni, i roi sicrwydd yn ein calon ni, mae Iesu'r Melinydd yn dal yn ei felin ac yn ein hannog ni, y diferion dŵr, i droi'r rhod iddo. Mae'n galw arnom i ledaenu'r efengyl yn y byd, trwy siarad am Dduw a'i ras, a thrwy rannu ei gariad â'n cyd-ddynion. Gwyddom am yr angen i wneud hynny, felly gadewch i ni ddefnyddio ein hamser a'n doniau i gadw rhod Duw i droi.

Emyn i barti: **Cadw Rhod Duw i Droi**   *Tôn: Rhydfelen M11.*
(gw tud 28)

> Diolchwn, O! Dduw, am genhadon
> a gludodd d' efengyl i'n gwlad,
> efengyl o obaith i gyd-ddyn,
> efengyl sy'n cynnig glanhad;
> mawrygwn genhadaeth arloesol
> y dewrion a fynnodd ymroi
> i lifo'n ddefnynnau byrlymus,
> a chadw dy rod di i droi.
>
> Diolchwn am iti, drwy'r oesau,
> ddiwallu anghenion y saint,
> a selio ar feddwl pob cennad
> bod 'mestyn dy deyrnas yn fraint;
> er dioddef gorthrymder ac amarch,
> gwasanaeth a fynnent ei roi,
> trwy lifo'n ddefnynnau di-wyro,
> a chadw dy rod di i droi.

Diolchwn yn awr am 'r efengyl
trwy wisgo dy enw â chlod,
trwy gefnu ar lwybr difrawder
a throi i wynebu dy rod;
rho obaith d' efengyl i'n cynnal,
a dygnwch dy ras i'n cyffroi
i lifo'n ddefnynnau dros Iesu,
a chadw dy rod di i droi.

Emyn 735:   **Bydd yn wrol**   *Tôn 597*

Cyd-weddïwn:
O Dduw, boed inni fynd o'r oedfa hon, gydag awydd dyfnach nag erioed i droi dy rod yn y byd. Cryfha ein ffydd a phlanna ynom ufudd-dod, oherwydd gwyddom mor fawr yw yr angen i ledaenu dy efengyl o gariad a thangnefedd, yn enw Tywysog Tangnefedd ei hun, Iesu Grist ein Gwaredwr. Amen.

Y GOLEUNI

Cyd-weddïwn:
O Dduw, tyrd i'r oedfa hon, i oleuo a phuro pob meddwl ac i lanw a llawenhau pob calon â'th dangnefedd di. Boed inni weld ein hunain yng ngoleuni Crist yn awr. Amen.

(Cynnau cannwyll fawr a'i rhoi mewn man amlwg)

Emyn 693:   **O Iesu, Haul Cyfiawnder glân**   ***Tôn 571: Hursley***

Salm 150: Molwch yr Arglwydd

Datganiadau ar offerynnau cerdd

Adnodau allan o'r Salm Fawr, sy'n sôn am Air Duw, Y Gair sy'n rhoi Goleuni.

Gwyn eu byd y rhai perffaith eu ffordd, y rhai sy'n rhodio yng nghyfraith yr Arglwydd.
Y mae dy air, O Arglwydd yn dragwyddol, wedi ei osod yn sefydlog yn y nefoedd.
Ti yw fy lloches a'm tarian; yr wyf yn gobeithio yn dy air.
Yr wyt ti yn agos, ac y mae dy holl orchmynion yn wirionedd.
Agor fy llygaid i mi gael edrych ar ryfeddodau dy gyfraith.
Gwna imi ddeall ffordd dy ofynion, ac fe fyfyriaf ar dy ryfeddodau.
Rho imi ddeall, er mwyn imi ufuddhau i'th gyfraith, a'i chadw â'm holl galon.
Yr wyt ti yn dda, ac yn gwneud daioni; dysg i mi dy ddeddfau.
Y mae cyfraith dy enau yn well i mi na miloedd o aur ac arian.
Y mae fy enaid yn dyheu am dy iachawdwriaeth, ac yn gobeithio yn dy air.
Gad imi fyw i'th foliannu di, a bydded i'th farnau fy nghynorthwyo.
Y mae dy air yn llusern i'm traed, ac yn oleuni i'm llwybr.

Yn hanes creu'r byd, yn Genesis, sonnir am Dduw, y Creawdwr, yn creu goleuni lle gynt bu tywyllwch, ac yn gweld bod y goleuni a greodd yn dda. Heb oleuni, ni all dyn na chreadur fyw, ac ni fydd yr un planhigyn yn tyfu. Heb oleuni, byddai'r byd yn dal yn afluniaidd a gwag.

Bu Duw'n oleuni i genedl Israel ar hyd y canrifoedd; nis gadawodd, ac ni fethodd oleuo ei ffordd, er i'r genedl gefnu arno, a gwrthod ei arweiniad yn aml iawn. Gwelodd Eseia effaith goleuni Duw ar bobl, ac meddai,

Eseia 60: 1 - 3

Mae Eseia'n sôn hefyd am oleuni arall a fyddai'n dod i'r byd, ganrifoedd yn ddiweddarach, trwy enedigaeth Iesu Grist. Iesu ei hun yw'r Goleuni hwn. Meddai'r proffwyd, wrth ragfynegi ei enedigaeth,

Eseia 9: 2 - 6

Emyn 228 i'r ieuenctid: **Gair disglair Duw**   *Tôn 192*

Cyd-weddïwn:
Ein Tad, planna ynom ysbryd gwylaidd yn awr, wrth ddod atat Ti mewn gweddi, er mwyn inni weld dy berffeithrwydd di, a sylweddoli ein diffygion ninnau. Diolchwn am dy Air, y Gair sy'n llusern i'n traed ac yn oleuni i'n llwybr; boed i ni weld ei werth, a theimlo ei ddylanwad yn ein bywydau.

Diolchwn i Ti am gymorth adnodau ac emynau i'n dwyn ni'n nes atat Ti, ac at Grist. Maddau inni am grwydro mor bell oddi wrth ei gariad Ef, ac anghofio amdano ynghanol ein miri arwynebol. Gad inni sylweddoli y gallwn gael pleser a llawenydd yn dy gwmni di, ac mai ychwanegu at ein pleser a wnei di bob amser. Boed inni, felly, weld popeth yng ngoleuni dy lusern di, y llusern sy'n dangos gwerth dy gariad di. Cerddodd Iesu dros y llwybrau hyn; boed i ninnau hefyd gerdded yn dy oleuni di, ac yn ôl traed dy Fab, gan fod yn gymorth i eraill ar hyd ein taith yn y byd. Pan fydd y ffordd yn anodd i'w cherdded, boed inni deimlo cynhesrwydd dy gwmni, i'n galluogi i ddal ymlaen ar hyd y llwybr a drefnaist ti ar ein cyfer. Hyd yn oed os bydd y ffordd yn arw, boed inni deimlo mai gwell yw bod yng nghwmni Crist, pa mor anodd bynnag fydd hi, na chael bywyd esmwyth, a'r ffordd yn ein harwain i ddistryw.

Gweddïwn am fyd gwell i'r rhai sy'n dioddef casineb, rhyfel a thlodi, newyn ac ofn. Gwared ni rhag bod yn euog o ychwanegu at eu dioddefaint hwy, trwy ein hunanoldeb. Cofiwn, wrth lanw ein cypyrddau a'n rhewgelloedd, bod rhai yn marw o newyn yn ystod y munudau y gwnawn ni hynny.
Dysg inni fyw, bob amser, mewn ysbryd gweddus i ganlynwyr Crist, ysbryd cymod ac ewyllys da, ysbryd cariad a brawdgarwch, fel ysbryd Tywysog Tangnefedd ei hun. Gofynnwn hyn yn ei enw. Amen.

Emyn 372 i'r plant: **Dwylo Ffeind**   *Tôn 303: Au Claire de la Lune*

Nid brenin cyffredin oedd Iesu, ond Brenin arbennig, sef y Goleuni ei hun, y Meseia y bu'r proffwydi'n sôn amdano ganrifoedd cyn hynny. Gwireddwyd y geiriau a gawn yn yr Hen Destament, am y Goleuni a ddeuai i'r byd, ac yn y Testament Newydd, mae'r efengylwyr yn sôn am ddyfodiad y Goleuni hwnnw, sef genedigaeth Iesu. Mae Ioan yn disgrifio ei ddyfodiad trwy ei gyflwyno fel goleuni yn llewyrchu yn y tywyllwch. Goleuwyd y byd yn faterol, pan greodd Duw oleuni adeg creu'r byd; wrth anfon Iesu, mae Duw'n goleuo'r byd eto, ond y tro hwn, goleuo'r byd yn ysbrydol a wna.

Er ei berffeithrwydd, cael ei wrthod gan ddynion a wnaeth Crist, ac mae Ioan yn eu condemnio am drin Iesu mor annheg. Dyma fel y ceir yr hanes yn ei efengyl. Yr Ioan a enwir ganddo yw Ioan Fedyddiwr.

Ioan 1: 1-14; a Ioan 3: 16-17.

Yn Nasareth 'roedd Mair a Joseff yn byw, ond ganwyd Iesu ym Methlehem, am fod y ddau wedi mynd yno i gofrestru, yn ôl gorchymyn Awgwstws Cesar. Nid oedd lle iddynt i aros mewn unrhyw westy, felly ganwyd Crist mewn lety anifail, fe'i rhwymwyd mewn dillad baban, a'i roi i orwedd mewn preseb.

Nid oedd y rhan fwyaf o bobl Bethlehem yn ymwybodol o'r ffaith bod Gwaredwr yn eu plith, ond gwelodd bugeiliaid oedd yn gwarchod eu defaid ar y bryniau gerllaw oleuni Duw, a disgleirdeb ei ogoniant yn llewyrchu o'u hamgylch. Mae'n wir iddynt gael ofn i ddechrau, ond yna, yn y goleuni llachar, gwelsant lu o angylion, a chlywsant un ohonynt yn cyhoeddi'r enedigaeth wyrthiol fel hyn,

Luc 2: 10-14 (gan ddechrau gyda'r geiriau "Peidiwch ag ofni ------"

Ar ôl i'r bugeiliaid gael eu goleuo trwy gyhoeddiad yr angylion, aethant ar frys i Fethlehem i weld Iesu drostynt eu hunain, a chael profi'r goleuni newydd yn eu bywydau.

(Caner y gân nesaf, gan ddod mewn o'r cefn a cherdded ymlaen wrth ganu)

Cân i fachgen: **Y bugail bach**   *Tôn: Y milwr bach (C.482)*

Nid wyf ond bugail bychan
Sy'n cadw praidd fy nhad,
Rhag crwydro o'u cynefin
I dir ymhell o'n stad;
'Rwyf ar fy ffordd i Fethlem
I weld 'r Un bach 'n y gwair,
Y Baban ddaeth i'r ddaear
Trwy Dduw a'r Forwyn Fair.

Nid wyf ond bugail bychan,
Ond ataf fe ddaeth llu
O engyl glân o'r nefoedd
I sôn am Geidwad cu;
'R wyf ar fy ffordd i Fethlem,
A throsof ar y rhos,
Mae engyl mwyn yn gwylio
Y praidd drwy oriau'r nos.

Nid wyf ond bugail bychan,
Ond diolch sy'n fy mron
I Dduw am Rodd mor berffaith
Â Christ i'r ddaear hon;
'Rwyf ar fy ffordd i Fethlem
Can's ganwyd Brawd i mi;
'R ôl clywed am ei eni,
Ei weld a fynnaf fi.

Cytgan: At fy Mrawd, er mod i'n dlawd,
Af heb aur nac arian,
Ac yn ei law bob dydd a ddaw,
Rhoddaf fi fy hunan.

Os na fu cyffro yng nghalonnau dinasyddion Bethlehem oherwydd genedigaeth ein Gwaredwr, bu cynnwrf mawr yng nghalon Herod, yn ei balas gwych yn Jerwsalem. Cynnwrf o eiddigedd a chasineb oedd yn ei galon ef, ac yr oedd yn well ganddo aros yn y tywyllwch, mor bell ag yr oedd Iesu yn y cwestiwn. Ni fynnai ef brofi goleuni Duw, ac o'r eiliad y clywodd ef am enedigaeth Iesu, cynllwyniodd i'w ladd.

Meddai Ioan yn ei efengyl, ynglŷn â gwrthod Crist, Goleuni'r Byd,

Ioan 3: 18 - 21

'Roedd sêr-ddewiniaid wedi mynd i Jerwsalem i chwilio am y brenin newydd oedd wedi ei eni, gan feddwl, os mai brenin oedd, Jerwsalem oedd y man y byddent yn fwyaf tebygol o ddod o hyd iddo. Trwy oleuni'r Seren y daethant hwy i wybod amdano. Buont yn disgwyl am yr arwydd ers amser maith, a phan ymddangosodd y seren, aethant ar eu taith ar unwaith, yn ei goleuni, gydag anrhegion i'r Brenin newydd.

Cân i blentyn: Y Seren

```
          G         Bll       C        D    D7
.d | d : d | : -.d | s : s | - : -.s | s : f | f : m | r : - | - : -.d |
   Daeth Seren    o'r nefoedd  a'i llew-yrch yn glir      i

       G         Bll         C        D
| d : d | - : -.d | s : s | - : -.s | s : f | f : m | r : - | - : -.r |
   arwain    y doethion   dros feithder o dir,   nes

       Ell         C          All       D    D7
| m : m | - : -.r | r : d | - : -.m| f :m |r : d.r| r : - | - : -.d |
   cyr-raedd  y beudy      lle gan-wyd Mab Mair -   y

       G         Bll          C    D7    G  Cytgan:
| d : d | - : -.d | s : s | - : -.s | f : m | r :-.d | d : - | - : -.d |
   Ba-ban Bendigaid    mewn gwe-ly o wair.      Mae

    C        D7         Bll       Ell
| f : f | - : -.d | f : f | - : -.r | s : m | - : r | d : - | - : -.m|
  Se-ren  y nefoedd    yn gwe-nu o hyd         ar

    C       All        D7       G
| m : - | - :r.m| f : r | - : -.m | f : m | - : r | d : - | - : - |
   bawb sydd yn chwilio am-da-ni'n   y byd.
```

Mae Seren y nefoedd am ddangos Mab Duw
i bobloedd y ddaear sy'n gwrthod cyd - fyw;
mae'n dal i dywynnu yn ddisglair ei gwedd-
tywynnu drwy'r t'wyllwch â'i neges o hedd.
Cytgan:

Dilynaf y Seren yn llawen fy llun,
can's hon sy'n fy arwain at Iesu ei hun;
dilynaf y Seren yn eiddgar trwy f'oes,
can's dyna wnaeth Iesu o'r preseb i'r groes.
Cytgan:

(Caner y canlynol heb y seibiau ac heb ail - ganu'r pedair llinell olaf o'r dôn)

Cân i ferch: **Mair a'i Baban**   *Tôn 397: Roedd yn y wlad honno*

Aeth Mair i gofrestru, ynghyd â'i dyweddi,
   ag oriau y geni'n nesáu;
'roedd hithau mewn dryswch a Bethlem mewn t'wyllwch
   a drws lletygarwch ar gau;
gwnaed beudy yn aelwyd ac Iesu a anwyd,
   a thrwyddo cyflawnwyd y Gair,
ond llawn o bryderon, 'r ôl geni'r Mab tirion
   i fyd mor afraslon oedd Mair.

Proffwydi fu'n datgan bod gobaith mewn Baban
   i ddwyn daear gyfan ynghyd,
ac wedi 'i ddyfodiad, caed nefol gyhoeddiad
   am 'r un ddaeth mewn cariad i'r byd;
ond Mair, er ei gwenau, a ofnai'r cystuddiau
   a ddeuai i D'wysog y nef;
â Christ iddi'n blentyn, mor anodd oedd derbyn
   mai cur gan ei gyd-ddyn ga'i ef.

Daeth gwreng i ymgrymu a bonedd i dalu
   gwrogaeth i Iesu'n y gwair,
ac eco'r addewid a goncrodd y gofid
   a fu'n ddigalondid i Mair:
"Mab Duw a genhedli"; O'r fath genadwri!
   ei Fab yn dod trwyddi i fyw!
Am fraint mor aruchel, ni allai ymochel
   rhag diolch yn dawel i Dduw.

Plant i adrodd adnod yr un, gyda Plentyn 1 yn sefyll yn y pulpud:

Plentyn 1:
Ar ôl i Iesu dyfu'n ddyn, bu'n saer coed yng ngweithdy Joseff am rai blynyddoedd, ond pan oedd yn dri deg oed, dechreuodd bregethu a chyflawni gwyrthiau. Er iddo fod yn ddidwyll pan ddwedai ei fod wedi dod oddi wrth Dduw, cyhuddodd yr Iddewon ef o gabledd; er hyn parhaodd i alw ei hun yn Fab Duw, a chyflawni gwaith ei Dad yn y byd. Er i'r Phariseaid ei wrthod, credodd llawer ef.

Plentyn 2:
Meddai'r wraig wrth ffynnon Jacob, "Mi wn fod y Meseia'n dod. Pan ddaw, bydd yn dweud pob peth wrthym." Dywedodd Iesu wrthi, "Myfi yw, sef yr un sy'n siarad â thi."

Plentyn 3:
Meddai Iesu, dro arall, "Yn wir, yn wir, 'rwy'n dweud wrthych, fod y sawl sy'n gwrando ar fy ngair i, ac yn credu'r hwn a'm hanfonodd i, yn meddu ar fywyd tragwyddol."

Plentyn 4:
Un tro, pan oedd Iesu'n pregethu, dywedodd, "Yr wyf wedi disgyn o'r nef, nid i wneud fy ewyllys fy hun, ond ewyllys yr hwn a'm hanfonodd i."

Plentyn 5:
Unwaith, pan oedd Iesu'n y deml, dywedodd wrth y rhai oedd yn rhyfeddu at ei wybodaeth, "Nid eiddof fi yw'r hyn yr wyf yn ei ddysgu, ond eiddo'r hwn a'm hanfonodd i."

Plentyn 6:
Gwyddai Iesu bod llawer heb gredu ynddo, felly dywedodd, "Myfi yw goleuni'r byd. Ni bydd neb sy'n fy nghanlyn i byth yn rhodio yn y tywyllwch, ond bydd ganddo oleuni'r bywyd."

Plentyn 7:
Wrth sôn am Dduw un tro, dywedodd, "Y mae'r hwn a'm hanfonodd i yn eirwir, a'r hyn a glywais ganddo ef yw'r hyn yr wyf yn ei gyhoeddi i'r byd."

Plentyn 8:
Pan ddywedodd Iesu, "Yn wir, yn wir, 'rwy'n dweud wrthych, cyn geni Abraham, yr wyf fi", codasant gerrig i'w taflu ato, a bu raid iddo ffoi.

Plentyn 9:
Ar ôl i Iesu olchi traed y disgyblion, adeg y Swper Olaf, meddai wrthynt, "Y mae'r sawl sy'n fy nerbyn i yn derbyn yr hwn a'm hanfonodd i."

Plentyn 1:
'Roedd hyd yn oed ei ddisgyblion fel pe yn ei amau ambell dro, a bu raid i Iesu ofyn iddynt, "A ydych chwithau hefyd, efallai, am fy ngadael?" Ond atebodd Pedr, "Yr ydym ni wedi dod i gredu a gwybod mai ti yw Sanct Duw."

Y plant i gyd: Boed inni gredu mai Crist yw Mab Duw,
A'i dderbyn o hyd yn esiampl wrth fyw.

Cân i'r plant: *Tôn 562: Dod ar fy mhen*

Bydd gyda ni, O Iesu da,
  ac ar ein gweddi clyw;
dangos y ffordd i fyw fel ti,
  a dod i nabod Duw.

Pan ddenir ni gan swyn y byd,
  i ddilyn llwybrau ffôl,
gad inni weld y drwg mewn pryd,
  a derbyn ni yn ôl.

Emyn 685:   **Brwydra bob dydd**   *Tôn 566: Duke Street*

Y bachgen pum mlwydd oed

Mae'n gorwedd mewn anobaith ar y llawr,
A'i lygaid am friwsionyn yn dyheu;
Mae'n troi i grafu'r ddaear sych, ddi-bawr,
Ond gwanc ei fola crwn heb ei ddileu;
Pob ffrind, o fis i fis, heb ddim i'w roi,
Y clêr yn gwatwar ym mhelydrau'r haul,
Ofn led y pen, ond gobaith wedi'i gloi
Yng nghod y rhai sy'n gwrthod cwrdd â'r draul:
Er iddo ddod i'r byd yn blentyn Duw,
Ni chlywodd chwerthin ac ni ŵyr am wên;
Fe ddaeth o'r groth yn ddim ond sgerbwd byw,

A nawr, yn bum mlwydd oed, mae'i gorff yn hen:
Fe'i gwelais droeon, o esmwythder sedd,
Mor wyn fy myd, wrth agor iddo fedd.

Fel y mae yn hanes y bachgen bach yna, mae'n nos i lawer yn ein byd ni heddiw, a thywyllwch casineb dyn yn cuddio goleuni cariad Crist. Mae dyn yn dewis y tywyllwch yn hytrach na'r goleuni yn aml iawn; mae'n troi'r ddaear lâs yn ddiffeithwch i eraill, mae'n troi cartrefi ei gyd-ddynion yn rwbel, mae'n gwrthod rhannu angenrheidiau bywyd, ac mae miloedd o bobl a phlant yn dioddef yn enbyd, a miloedd mwy yn marw.

Y peth cyntaf a greodd Duw'n y byd oedd goleuni, ond a gydnabyddwn ni Dduw fel crëwr y byd a rhoddwr goleuni?

Rhoddodd Duw ei Air i fod yn oleuni i ni ar ffordd bywyd, ond a ddarllenwn y Beibl, er mwyn derbyn ei oleuni?

Rhoddodd Duw Iesu yn oleuni'r byd, ond a welwn ni ef fel 'goleuni gobaith a heddwch' i dywyllwch ein byd cythryblus ni?

Cân i 5 o blant neu bobl ifainc:

(Cyn canu, bydd plentyn 1 yn dod ymlaen, yn sefyll tu ôl i'r gannwyll fawr ar ganol y bwrdd, neu gael cannwyll arall os bydd y gyntaf wedi llosgi'n isel, a chanu'r pennill cyntaf a'r cytgan. [Saif ef dros Grist, goleuni'r byd] Plant 2 a 3 yn dod o'r cefn, un o bob ochr, yn cario cannwyll yr un [ni yw goleuni'r byd] plentyn 1 yn eu cynnau o'i gannwyll ef cyn eu rhoi ar y bwrdd. Plant 2 a 3 yn sefyll y tu ôl iddynt, a chanu'r ail bennill, gyda plentyn 1 yn ymuno'n y cytgan. Plant 4 a 5 yn dod ymlaen o'r cefn, un o bob ochr, un yn gardotyn a'r llall yn anafus, yn pwyso ar ffon; y ddau hyn eto'n cario cannwyll yr un, a phlant 2 a 3 yn eu goleuo, cyn eu rhoi ar y bwrdd. Plant 4 a 5 yn canu pennill 3, a phawb yn ymuno yn y cytgan. Pob un yn canu pennill 4 a'r cytgan. Gofalwch orchuddio'r bwrdd, rhag i'r gwêr syrthio o'r canhwyllau)

Wrth ganu, safant y tu ôl i'r bwrdd, yn y drefn hon - **4, 2, 1, 3, 5.**

Goleuni'r Byd

```
         C            F              C               G      G7
. s | d' : d' | d'.t : l | s : m | - : m | r : - . s | l . s : fe | s : - | - : s |
Goleuni'r byd yw Iesu      a  dy - ma'i gannwyll Ef,        Go

      C           F  E  Am     C           G      C  Cytgan: G7
| m : f | s : - . s | l : t | d' : - . l | s : - . s | f . m : r | d : - | - : s |
leuo'r ffordd a wna i ni    o'r byd   i deyrnas nef.   Dewch

         C                         C           G      C
| d' : - . d' ? d' : - . s | l : d' | - : - . l | s : s | l . s : m | r : - ? - : - . r |
bawb i fod i Ie - su'n       o - leuni'r byd yn awr,  Cans

                  F    G              G7      C
| m : f | s : - . m | f : s | l : - . l | s : - . d' | d' : - | r' : - | d' : - | -
```

ni ddaw hedd i deulu dyn ond trwy ei ga - riad mawr.

Plentyn 1:
    Goleuni'r byd yw Iesu
    a dyma'i gannwyll Ef;
    goleuo'r ffordd a wna i ni
    o'r byd i deyrnas nef.
    Cytgan:

Plant 2 a 3:
    Goleuni'r byd ŷm ninnau,
    goleuwyd ni gan Grist;
    yn llawen awn â golau'r nef
    i'r rhai sy'n wael neu'n drist.
    Cytgan:

Plant 4 a 5:
    Goleuni'r byd ddaeth atom
    pan oedd hi'n anodd byw;
    am olau'r nef i blant y byd,
    addolwn Grist fab Duw.
    Cytgan:

Pawb:
    Dewch bawb i fod i Iesu'n
    oleuni'r byd yn awr,
    can's ni ddaw hedd i deulu dyn
    ond trwy ei gariad mawr.
    Cytgan:

Plentyn 1 i ddarllen:
Mae Iesu'n dweud wrthym ni, fel y dywedodd wrth y disgyblion cyntaf, "Chwi yw goleuni'r byd. Ni ellir cuddio dinas a osodir ar fryn, ac nid yw pobl yn cynnau cannwyll ac yn ei dodi dan lestr, ond yn hytrach ar ganhwyllbren, a bydd yn rhoi golau i bawb sydd yn y tŷ. Felly boed i'ch goleuni chwithau lewyrchu gerbron dynion, nes iddynt weld eich gweithredoedd da chwi, a gogoneddu eich Tad, yr hwn sydd yn y nefoedd."

    Rhoi clod i Dduw ar hyd y daith,
    a helpu cyd-ddyn yw ein gwaith,
    can's galwad Crist i ni o hyd
    yw, "Byddwch chwi'n oleuni'r byd."

(Y plant yn mynd yn ôl i'w seddau, ac yn gadael y canhwyllau i gynnau ar y bwrdd hyd ddiwedd yr oedfa)

Adrodd y geiriau neu eu canu ar y dôn 'Gwnewch bopeth yn Gymraeg' (heb y cytgan)

Cwestiynau Duw

"Beth wnest ti â'th orffennol?
Yw'r cwestiwn ddaw i 'nghlyw;
Mae'n treiddio i 'nghydwybod,
Can's llais fy Arglwydd yw:
Mae ganddo hawl i holi
Pererin ar ei daith,
Ond araf wyf i ateb
Ei gwestiwn am fy ngwaith.

"Beth wnei di â'th bresennol?
Ai segur yw dy fraich
Wrth basio cyd-ddyn eiddil
Sy'n gwegian dan ei faich?
A fynni di", medd f' Arglwydd,
"Fod iddo'n gyfaill triw,
Beth bynnag yw ei gyflwr,
Beth bynnag yw ei liw?"

    "Beth wnei di â'th ddyfodol?
    Mae 'fory'n agos iawn;
    Pam nad wyt ti'n cynllunio
    A chyfarwyddo'th ddawn?"
    O Dad, pam wyt ti'n holi
    Dy blentyn gwael ei lun,
    A thithau yn f 'adnabod

Yn well na fi fy hun?
Dameg y deg geneth: Mathew 25   1-13

Cyd-weddïwn:
    Rhoddwn ddiolch i Ti, ein Creawdwr,
    Am ein creu ar dy ddelw a'th lun,
    Ac am gyfle i fyw ar y ddaear
    A luniaist â'th ddwylo dy hun.

    Rhoddwn ddiolch i Ti, ein Cydymaith,
    Am dy gwmni mewn hamdden a gwaith,
    Am roi braich dros ein hysgwydd i'n harwain,
    A rhannu pryderon y daith.

Wrth feddwl am dy ffyddlondeb a'th gariad mawr tuag atom, planna ynom ysbryd gwylaidd, er mwyn inni weld dy berffeithrwydd a'th fawredd di, a sylweddoli ein diffygion niferus ninnau. Wrth ganolbwyntio ein meddyliau ar dy oleuni Di a'th Fab, gofynnwn iti am fod gyda ni fel cenedl, a'n dwyn ni allan o'n tywyllwch ysbrydol, fel na fo inni golli'r cyfle i brofi'r wledd a gynigi di inni, fel y gwnaeth y pum geneth ffôl; gwared ni rhag bod yn esgeulus, a chael y drws wedi ei gau.

Helpa ni i gadw ein llusernau ynghŷn dros Iesu, goleuni'r byd, fel bod eraill yn cael cyfle i'w adnabod, trwy ein goleuadau ni. Boed i'n lampau fod yn ddigon llachar i weld pob cyfle a gawn i wasanaethu Crist a'n cyd-ddynion, mewn gair a gweithred.

    Heded ein meddyliau'r awron
    At y rhai sy'n llawn pryderon,
    Rhai sy'n crafu 'mhlith y sbwriel,
    Rhai mewn poen, heb neb i'w harddel,
    Rhai sy'n unig ac amddifad,
    Rhai na chlywodd sôn am gariad;
    Tyrd, O Dduw, i blannu ynom
    Ras i rannu â'n cyd-ddynion.

Boed inni ofalu bod gennym ddigon o olew yn ein lampau ar gyfer pob amgylchiad a ddaw i'n rhan ni ein hunain hefyd, wrth fyw'n y byd, fel y gallwn weld a derbyn cwmni Crist yn holl brofiadau bywyd, y melys a'r chwerw.

Boed inni weld dy ogoniant di o'r newydd yn awr, a phlygu i'th ewyllys. Gofynnwn hyn yn enw Crist, ein goleuni ar daith bywyd. Amen.

Casglu at achos da

Emyn: *Hill*   **Troi at Dduw**   *Tôn 680: Richmond*

Pan weli di Gymry'n dy wrthod, O Dduw,
heb geisio dy gysur na'th obaith wrth fyw,
tyn ni o'n crwydriadau a'n dyddiau o frad,
yn ôl i'th gwmnïaeth a chlydwch dy stad.

Pan chwiliwn am fwyniant, ond gwrthod ei roi,
pan giliwn o'th wyddfod a'n parch wedi ffoi,
rhag ildio ein hunain i bleser a ffawd,
rho awydd i dderbyn dy Fab inni'n Frawd.

Pan borthwn ein hunain, heb gofio'r di-faeth,
pan seliwn hualau anobaith y caeth,
O Roddwr pob bendith, rho ddwylo i'n ffydd,
i godi trueiniaid sydd bron colli'r dydd.

Pan fynnwn fynd heibio heb brofi dy wledd
o gariad a chymod, trugaredd a hedd,
tyrd eto i'n tywys dros lwybr llesâd,
a'n dwyn gyda gwylder i glydwch dy stad.

Cyd-weddïwn:
O Dduw, boed i fflamau'r canhwyllau ar y bwrdd ein cymell ninnau i lewyrchu'n llachar drosot yn y byd bob amser. Amen.

YMLAEN GYDA DUW

(Gwnewch lun wyneb cloc o garbord sy'n ddigon mawr i'r gynulleifa ei weld. Gwnewch dwll yng nghanol y carbord, a rhoi'r bys yn ei le gyda 'fastener' papur, er mwyn i'r bys fod yn symudol. Rhowch y cloc mewn lle amlwg. Gofynnwch i un o'r plant symud y bys o un rhif i'r llall, fel y cyfeirir atynt yn ystod yr oedfa.)

(Ysgrifennwch y testun YMLAEN GYDA DUW a'i roi uwchben y llun o'r cloc)

Cyd-weddïwn:
O Dduw, bendithiwn dy enw, oblegid y mae dy gariad a'th ffyddlondeb hyd byth. Cynorthwya ni yn awr i'th addoli mewn gwirionedd. Amen.

Gadewch inni ddechrau'r oedfa trwy ganu emyn sy'n cydnabod Duw yn Dad.

Emyn 3: **Drysau Mawl** *Tôn 3.*

Testun yr oedfa hon yw 'Ymlaen gyda Duw'. Ynddi byddwn yn defnyddio rhifau'r cloc i'n harwain o un cam i'r llall, mewn gobaith dod i adnabod Duw yn well ar hyd y ffordd.

(Rhoi bys y cloc ar 1)

Y rhif 1: Un Duw sydd:
Meddai'r proffwyd Malachi, "Onid un tad sydd gennym oll? Onid un Duw a'n creodd?" Dywed Paul hefyd mai un Duw sydd, a'i fod yn Dad i bawb. Mae Duw, felly, am gael perthynas agos â ni.

Cyfeirir at Dduw'r Tad dro ar ôl tro yn y Beibl. Nid oes teitl rhagorach iddo. Mae Iesu'n aml wedi cyfeirio at Dduw fel Tad, o ddechrau ei fywyd hyd ei ddiwedd ar y ddaear. Meddai un tro, "Peidiwch â galw neb yn dad i chwi ar y ddaear, oherwydd un tad sydd gennych chwi, sef eich Tad nefol". Dysgodd ei ddisgyblion i weddïo trwy gyfarch Duw fel 'Ein Tad.'

Pan oedd Iesu'n ddeuddeg oed, aeth i'r Deml gyda Mair a Joseff. Pan oedd ei rieni'n mynd adref, ni allent weld Iesu yn unman. Bu chwilio mawr amdano, hyd nes iddynt ddod o hyd iddo yn y Deml yn holi ac yn gwrando ar yr athrawon yno. Synnai Crist bod Mair a Joseff wedi bod yn chwilio amdano, ac meddai wrthynt, "Onid oeddech yn gwybod mai yn nhŷ fy Nhad y mae'n rhaid imi fod?.

Perthynas y Tad a'i blant yw'r berthynas agosaf sy'n bod.

Cân i fachgen neu i barti: Iesu'n ddeuddeg oed
   Tôn 142: Caniedydd yr Ysgol Sul (Y pererin a Iesu)

Pan yn ddeuddeg, Iesu aeth
I dŷ Dduw, am nefol faeth;
Yno, mynd ar goll a wnaeth
Ein Brawd, y bachgen Iesu.
Chwilio, chwilio dros y lle,
Ar y chwith ac ar y dde,
Gofyn pam a phryd a ble
Yr aeth y bachgen Iesu.

Holi'r saint yn nhŷ ei Dad,
A chael oriau o fwynhad
Wrth ymuno'n eu mawrhad
Y bu y bachgen Iesu.
Tad a mam yn welw 'u grudd,
Tad a mam â'u bron yn brudd,
Ond yn derbyn bythol fudd
Yr oedd y bachgen Iesu

Ofni 'i fod ymhell o'r dref,
'Mysg y dorf wnai 'i riaint ef,
Ond ni chollir Mab y Nef,
Can's Brawd am byth yw Iesu:
Mynd ar goll a wnaethom ni,
'Mhell o sŵn ei nefol gri;
Heddiw, galw arnom ni
Y mae ein Ceidwad Iesu.

(Symud bys y cloc i 2)

Y rhif 2: Y ddau dŷ a'r ddwy sylfaen:
Yn efengyl Mathew, darllenwn am ddau dŷ a dwy sylfaen, un tŷ â chraig yn sylfaen iddo, a'r llall wedi ei adeiladu ar sylfaen o dywod. Iesu ei hun sy'n dweud yr hanes.

Mathew 7: 24 - 27: Y Ddwy Sylfaen

'Roedd y ddau dŷ a adeiladwyd yn debyg iawn i'w gilydd, nes i storm ddod. Yn ystod y storm, daliodd y tŷ cyntaf i fyny am ei fod ar sylfaen gadarn, ond cwympodd y tŷ a adeiladwyd ar dywod, oherwydd bod y sylfaen yn rhy wan a sigledig.

Mae Duw wedi trefnu sylfaen i ni i adeiladu ein bywydau arni, ac meddai Paul, "Ni all neb osod sylfaen arall yn lle'r un sydd wedi ei gosod, ac Iesu Grist yw honno." Rhoddodd Duw ei Fab ei hun yn sylfaen gadarn i adeiladu ein bywydau arni.

(Symud bys y cloc i 3)

Y rhif 3: Y Drindod:
Mae'r rhif 3 yn ein hatgoffa o'r Drindod, sef y Tad, y Mab a'r Ysbryd Glân. Fel y dywed un emynydd,

'Y Tri yn Un a'r Un yn Dri
Yw'r Arglwydd a addolwn ni.'

Felly mae'n Dduw sydd gyda ni bob amser.

Cyd-weddïwn:
Down atat yn wylaidd O Arglwydd, i ddiolch i ti am fod yn Dad cyfiawn ac amyneddgar tuag atom. Diolch i ti am faddau i ni pan drown ein cefnau arnat, ac am ein derbyn yn ôl pan grwydrwn. Llaw Tad yw dy law di, llaw sy'n ymestyn tuag atom, llaw y gallwn gydio ynddi a dibynnu arni.

Diolchwn am y rhai a'n dysgodd ni amdanat, a'n dwyn i'th adnabod yn well. Diolchwn am iddynt ein harfer i weddïo arnat, i ddarllen dy Air a dod i'th gysegr i'th addoli. Boed inni fod yn weithwyr da i ti yn dy eglwys ac yn y byd.

Rho dy gwmni i'r rhai sydd mewn poen, gwendid ac unigrwydd. Gwna ni'n hael ein cymwynasau, yn amyneddgar tuag at y rhai llai ffodus na ni, a chadw ni rhag ymateb yn gas pan na chawn ein ffordd ein hunain.

Diolch i Ti am roi dy Fab i'n daear i ddangos pa mor fawr yw dy gariad. Gwna ni'n ddisgyblion cywir iddo, trwy roi ein ffydd yn ei arweiniad, a thrwy siarad a gweithredu'n debycach iddo.

Diolch i Ti am fod yn Dduw agos atom bob amser. Nid digon i Ti oedd creu byd ar ein cyfer, 'rwyt yn Dad i ni, anfonaist dy Fab i fod yn Waredwr i ni, ac 'rwyt yn parhau i fod yn Dduw agos atom trwy dy Ysbryd. Boed inni deimlo'r Ysbryd Glân hwnnw yn awr yn llanw ein haddoldy ac yn llanw ein calonnau â'i nerth, ei burdeb a'i ddiddanwch. Gwna ni'n ymwybodol o'th fawredd fel Tad, o'th gariad trwy dy Fab, ac o'th allu trwy dy Ysbryd Glân. Gwna ni'n ymwybodol o'r newydd mai

> Y Tri yn Un a'r Un yn Dri
> Yw'r Arglwydd a addolwn ni. Amen

(Symud bys y cloc i 4)

Y rhif 4: Pedwar yn y ffwrnais o dân poeth:
Gorchmynnodd Nebuchadnesar y brenin i'w ddeiliaid addoli ei dduwiau ef. Ar ganiad y corn ac offerynnau cerdd eraill, 'roedd yn rhaid i bawb addoli'r ddelw aur a wnaeth. Y gosb am wrthod gwneud hyn oedd cael eu taflu i ganol ffwrnais o dân poeth.

'Roedd Sadrach, Mesach ac Abednego wedi cael eu penodi'n llywodraethwyr ym Mabilon, a phan ddywedwyd wrth y brenin bod y tri hyn yn gwrthod addoli'r ddelw aur, aeth yn wyllt ei dymer. Galwodd y tri ato, ond dal i wrthod plygu a wnaethant, felly 'roedd yn rhaid iddynt ddioddef y gosb, sef cael eu taflu i'r ffwrnais o dân.

'Rydym yn ymwneud â'r rhif pedwar yn awr, ond cofiwn mai tri dyn gafodd eu taflu i'r tân. Wrth i'r hanes fynd ymlaen, serch hynny, mae'r tri yn troi'n bedwar, oherwydd i angel Duw ymddangos. Pan edrychodd y brenin i mewn i'r ffwrnais, er syndod iddo, gwelodd bod pedwar yno, ac er syndod mwy, 'roedd y pedwar heb eu llosgi.

Meddai Nebuchadnesar, pan welodd beth oedd wedi digwydd, "Bendigedig yw Duw Sadrach, Mesach ac Abednego, a anfonodd ei angel i achub ei weision." Gwelwn mai Duw sy'n cynnal yw ein Duw ni.

Emyn 273 i blant: Hosanna, Hosanna   *Tôn 228*

(Symud bys y cloc i 5)

Y rhif 5: Y pum geneth gall:

Wrth ddod at y rhif 5, cofiwn am y ddameg sy'n sôn am bum geneth gall a phum geneth ffôl. Mathew sy'n sôn am Iesu'n llefaru'r ddameg hon, yr unig un o'r efengylwyr i wneud hynny. Nid oedd gwahaniaeth i'w weld rhwng y merched hyn, hyd nes daeth yr amser iddynt fynd i'r wledd gyda'r priodfab. Y gwahaniaeth wedyn oedd bod y pum geneth gall wedi gofalu bod ganddynt ddigon o olew ar gyfer eu lampau, ond nid felly y pump arall, ac oherwydd hynny, gelwir hwy'n ffôl, am iddynt golli'r cyfle i fynd i'r wledd. 'Roedd lampau eu ffydd wedi diffodd. Bu raid iddynt fynd i brynu olew, a thra oeddynt i ffwrdd, caewyd y drws.

Bu'r pump ffôl yn esgeulus ynglŷn â'r rhan bwysicaf o'u bywydau, sef y rhan ysbrydol. Mae olew teyrnas nefoedd i'w gael i bawb, ond mae pob unigolyn yn gyfrifol am roi'r olew yn ei lamp ei hunan, er mwyn cadw ei lamp ynghŷn. Ni allwn gael benthyg doniau ysbrydol neb arall; mae pawb ohonom yn gyfrifol am ddatblygu ei ffydd ei hun. Os ydym yn esgeulus o'n ffydd, efallai y gwelwn ein bod yn rhy ddiweddar, a bod y drws wedi ei gau. Gan fod Duw wedi gofalu bod digon o olew ar gael i bawb, mae'n rhoi cyfle i bawb ddod i'w deyrnas.

Meddai un emynydd: Brwydra bob dydd, cryfha dy ffydd,
                                 Crist yw dy nerth i gario'r dydd;
                                 Mentra di fyw a chei gan Dduw
                                 Goron llawenydd, gwerthfawr yw.

Emyn 239 i barti: **Pan rwystrir ni gan bethau'r llawr**   *Tôn 482: Niagara*
                                                                             neu Tôn 251: Deep Harmony

(Symud bys y cloc i 6)

Y rhif 6: Duw yn creu'r byd mewn chwe niwrnod:

Yn y dechreuad, creodd Duw y nefoedd a'r ddaear. Yr oedd y ddaear yn afluniaidd a gwag, ac yr oedd tywyllwch ar wyneb y dyfnder, ac ysbryd Duw yn ymsymud ar wyneb y dyfroedd. A dywedodd Duw, "Bydded goleuni." A bu goleuni. Gwelodd Duw bod y goleuni yn dda; a gwahanodd Duw y goleuni oddi wrth y tywyllwch. Galwodd Duw y goleuni yn ddydd a'r tywyllwch yn nos. Dyna'r dydd cyntaf.

O ddydd i ddydd bu Duw yn creu, ac ar y chweched dydd, creodd ddyn, i fwynhau y byd a greodd. "Ar ddelw Duw y creodd ef, yn wryw ac yn fenyw y creodd hwy. Yna bendithiodd Duw hwy. Cymerodd yr Arglwydd Dduw y dyn a'i osod yng ngardd Eden, i'w thrin a'i chadw". Gwelwn mor barod y mae Duw i rannu ei fyd â ni.

Er i ni ddigalonni weithiau ynghylch y byd fel y mae heddiw, boed i ni weddïo y bydd i weledigaeth Eseia gael ei chyflawni. Dywed ef fel hyn,

"Fel y gwna'r ddaear i'r blagur dyfu, a'r ardd i'r hadau egino, felly y gwna'r Arglwydd Dduw i gyfiawnder a moliant darddu gerbron yr holl genhedloedd. Bydd yr Arglwydd yn cysuro Seion, yn cysuro ei holl fannau anghyfanedd, bydd yn gwneud ei hanialwch yn Eden, a'i diffeithiwch yn ardd yr Arglwydd; ceir o'i mewn lawenydd a gorfoledd, emyn diolch a sain cân."

Diolchwn i Dduw am rannu ei fyd â ni, a diolchwn iddo am Gymru.

Emyn i barti: **Diolch i Dduw am Gymru**   *Tôn: Groes Foel*

Down atat, ein Crëwr, i ddiolch ynghyd
Am gyfran o batrwm godidog dy fyd,-
Y Gymru a luniaist mor berffaith ei gwedd,
I'r glust yn gyfaredd, i'r llygad yn wledd;
Trosglwyddwyd hi inni'n ddilychwin a hardd,
I'w chynnal a'i chadw drwy'n hoes megis gardd.

Down atat i'th foli am ddeiliaid a roes
Eu doniau'n frwdfrydig dros Gymru drwy 'u hoes;
Cadernid eu safiad dros hawliau ac iaith
Drodd adfyd yn wynfyd a breuddwyd yn ffaith;
Parhaed yr ymroddiad a'r dyfalbarhad
Mewn gweddi a gweithred, dros ffyniant ein gwlad.

Down atat i ganmol y saint fu'n dy Dŷ
Yn enau i'th neges, a'u proffes yn gry',
Eu fflam o eiddgarwch, yn nwyster eu dydd,
Gyneuodd ein llusern ym mebyd ein ffydd;
O! bydded i ninnau amlygu dy rin
A sôn am y Cyfaill sy'n troi dŵr yn win.

Down atat, Gynhaliwr pob gwlad a phob llwyth,
Am gymorth i lanw'n canghennau â ffrwyth
Rhinweddol i Iesu, ein hysbryd yn ir,
Ein calon yn aeddfed a'n hagwedd yn glir;
Boed dyfnder i'n gweddi, ymroddiad i'th waith,
A'n cariad at Gymru a'i phlant yn ddi-graith.

(Symud bys y cloc i 7)

Y rhif 7: Naaman yn golchi saith waith yn yr Iorddonen:

'Roedd Naaman yn gapten brenin Syria, ond yr oedd yn wahanglwyfus. 'Roedd geneth o Israel yn gweini ar wraig Naaman, ac meddai hi, "Gresyn na fyddai fy meistr yn gweld y proffwyd sydd yn Samaria; byddai ef yn ei wella o'i wahanglwyf." Pan glywodd brenin Syria hyn, anfonodd ef Naaman at frenin Israel, gan gredu mai hwnnw fyddai â'r gallu i'w iacháu, ond nid felly. Cyfeirio at Eliseus, gŵr Duw 'roedd y forwyn, a phan glywodd Eliseus yr hanes, anfonodd neges at Naaman i ddweud, "Dos ac ymolch saith waith yn yr Iorddonen, ac adferir dy gnawd yn holliach iti."

Aeth Naaman yn ddig pan ddarllenodd y neges, a gwrthododd wneud yn ôl gorchymyn proffwyd Duw. Dywedodd, "Onid yw Abana a Pharphar, afonydd Damascus, yn well na holl afonydd Israel? Oni allwn ymolchi ynddynt hwy a dod yn lân?"

Ymhen tipyn, perswadiodd gweision Naaman eu meistr i fynd i ymolchi yn afon yr Iorddonen. Aeth i'r afon ac ymolchi saith waith, a darllenwn amdano yn llyfr y Brenhinoedd, i'w gnawd ddod yn lân unwaith eto, 'fel cnawd bachgen bach'. Aeth at Eliseus, ac meddai wrtho, "Dyma fi'n gwybod yn awr nad oes Duw mewn un wlad ond yn Israel; derbyn yn awr anrheg oddi wrth dy was." Ni chymerodd Eliseus ddim, oblegid gwasanaethu Duw yr oedd y proffwyd.

Mae Duw yn gofyn am ein ffydd; os rhown ein ffydd ynddo, gall gwyrthiau ddigwydd.

Emyn 188:   **Fy enaid, gogonedda**   *Tôn: Missionary*

(Symud bys y cloc i 8)

Y rhif 8: Yr wyth person yn yr arch:

Dywedir yn llyfr Genesis, "Pan welodd yr Arglwydd fod drygioni dyn yn fawr, bu edifar gan yr Arglwydd iddo wneud dyn ar y ddaear." Yna dywedodd Duw, "Dileaf oddi ar y ddaear y dyn a greais." Ond gŵr cyfiawn oedd Noa, perffaith yn ei oes; rhodiodd Noa gyda Duw, a chafodd ffafr yng ngolwg yr Arglwydd.

Dywedodd Duw wrth Noa am adeiladu arch o goed goffer, a rhoddodd iddo gynllun ar gyfer y gwaith. Adeiladodd Noa yr arch yn ôl cynllun Duw, ac wedi iddo ei gorffen, aeth ef, ei wraig, ei dri mab, sef Sem, Cham a Jaffeth a'u gwragedd hwythau i mewn iddi. Dyna'r wyth a fu'n byw ynddi dros adeg y dilyw. Cymerodd Noa hefyd wryw a benyw o bob math o greaduriaid gydag ef i'r arch, yn ôl gorchymyn Duw. Bu'n glawio am ddeugain diwrnod a deugain nos, a pharhaodd y dŵr am gant a hanner o ddyddiau.

Dengys yr hanes bod yna weddill o hyd y gall Duw ddibynnu arnynt. Gwnaeth Duw gyfamod â Noa a'i feibion, gan ddweud, "Gosodaf fy mwa yn y cwmwl, a bydd yn arwydd cyfamod rhyngof fi a'r ddaear. Pan godaf gwmwl ar y ddaear, bydd bwa'n ymddangos yn y cwmwl, a chofiaf fy nghyfamod rhyngof a chwi a phob creadur byw o bob math, ac ni ddaw'r dyfroedd eto yn ddilyw i ddifa pob cnawd." Mae gennym Dduw sy'n cadw ei gyfamod.

Emyn 93: Deuawd   Arglwydd mawr y nef a'r ddaear
                                        Tôn 75: Diolch â chân

(Symud bys y cloc i 9)

Y rhif 9: Y naw dyn gwahanglwyfus:

Mae'r rhif naw yn ein hatgoffa o Iesu'n gofyn, "Ble mae'r naw?" Cawn yr hanes yn efengyl Luc.

Luc 17: 11 - 19; Glanhau deg o ddynion gwahanglwyfus

Clefyd creulon iawn oedd y gwahanglwyf, a gorfodid i'r cleifion fyw ar wahân i'w cyd-ddynion. Eu tynged yn aml yn y dyddiau hynny oedd cael eu gadael i farw, felly 'roedd cael glanhad o'r gwahanglwyf bron fel dod o farw'n fyw, eto dim ond un ddiolchodd. Dyna pam y gofynnodd Iesu, "Ble mae'r naw?" Pa mor ddiolchgar ydym ni i Dduw am anfon Iesu'r meddyg da i'n byd? Mae Duw, fel Iesu, yn disgwyl ein diolch.

Penillion Telyn

Duw sy'n rhoi bendithion cyson,
Ef yw'r un a wêl d' anghenion;
Am bob rhodd sy'n creu dedwyddwch,
Ar dy fin boed diolchgarwch.

Boed dy fron yn llawn o gariad,
Cariad pur fel eiddo'r Ceidwad,
Cariad llawn o ras diderfyn,
Un a fyn wneud ffrind o elyn.

Bydd i Grist yn gennad ffyddlon,
Bydd i Grist yn gangen ffrwythlon,
Cofia'i ing ar fryn Calfaria
A phaid mynd 'da llif y dyrfa.

I rai gwael mewn cytiau llychlyd
Gwna dy ran i greu esmwythyd,
Estyn law yn llawn daioni,
Ond paid byth â'i hysbysebu.

Rhodia'r Ffordd, y ffordd Gristnogol,
Am mai hon yw'r ffordd rinweddol,
Arni cei, ond it ddeisyfu,
Gwmni Crist i'th atgyfnerthu.

(Symud bys y cloc i 10)

Y rhif 10: Y deg gorchymyn:

Mae'n debyg mai'r deg gorchymyn a ddaw i'n meddwl gyntaf pan ddown i'r rhif deg. Dyma hwy,

> Na chymer dduwiau eraill ar wahân i mi;
> Na wna iti ddelw gerfiedig;
> Na chymer enw'r Arglwydd dy Dduw yn ofer;
> Cofia'r dydd Saboth, i'w gadw'n gysegredig;
> Anrhydedda dy dad a'th fam;
> Na ladd; na odineba; na ladrata;
> Na ddwg gamdystiolaeth yn erbyn dy gymydog;
> Na chwennych eiddo dy gymydog.

Os am eu darllen yn gyflawn, fe'u ceir yn yr ail a'r pumed llyfr yn y Beibl, sef dau o lyfrau Moses. Dyma orchmynion Duw yn ôl Moses; cadwodd Iesu'r gorchmynion hyn, oblegid dywedodd, "Peidiwch â thybio i mi ddod i ddileu'r gyfraith a'r proffwydi; ni ddeuthum i ddileu ond i gyflawni."

Gwnaeth Iesu fwy na chadw'r gorchmynion a gafodd Moses, oblegid ychwanegodd atynt, trwy ei ddysgeidiaeth. Dyma rai o'i egwyddorion,

Carwch eich gelynion.
Gweddïwch dros y rhai sy'n eich erlid.
Byddwch chwi'n berffaith, fel y mae eich
Tad sydd yn y nefoedd yn berffaith.
Os bydd rhywun yn dy daro ar y foch dde,
tro'r llall iddo hefyd.
Pan fyddi'n rhoi elusen, paid â chanu utgorn o'th flaen.

Dysg Iesu lawer rhagor inni, yn enwedig yn y Bregeth ar y Mynydd. Dengys ei ddysgeidiaeth bod Duw'n disgwyl mwy oddi wrthym na chadw'r deg gorchymyn yn unig.

Unigolyn i adrodd emyn 381: Hyfryd eiriau'r Iesu,
neu ei ganu ar y dôn *Pinner(312)*

(Symud bys y cloc i 11)

Y rhif 11: Breuddwydion Joseff:

Cafodd Joseff ddwy freuddwyd yn ymwneud â'r rhif un ar ddeg. Y cyntaf oedd gweld ysgubau mewn maes, a gweld ysgubau ei frodyr, sef un ar ddeg ohonynt, yn ymgrymu i'w ysgub ef. Yr ail oedd gweld yr haul, y lleuad ac un ar ddeg seren yn ymgrymu iddo, hyn yn awgrymu y byddai ef yn llywodraethu ar ei dad, ei fam a'i frodyr.

Bachgen ifanc oedd Joseff ar y pryd, ac efallai y dylem ei esgusodi, eto teimlwn ei fod yn ffôl i adrodd y breuddwydion wrth frodyr a deimlai'n eiddigeddus wrtho'n barod. 'Roedd ei dad Jacob i'w feio i raddau am hyn, oblegid iddo ffafrio Joseff yn fwy na'r lleill, a dangos hynny trwy roi siaced arbennig iddo.

Pan gafodd ei frodyr gyfle, ymhell o olwg eu tad, cafodd Joseff ei werthu i farchnatwyr o Midian a ddigwyddodd fynd heibio i'r man lle'r oedd y brodyr yn bugeilio defaid eu tad. Cymerasant wisg Joseff, lladd gafr, a throchi gwisg eu brawd yn y gwaed. Aethant yn ôl â'r wisg i'w dangos i Jacob; credodd hwnnw fod anifail gwyllt wedi ei ladd, a dywedir iddo alaru am ei fab am amser hir.

Aeth y rhai a brynodd Joseff ag ef i'r Aifft a'i werthu i Potiffar, swyddog Pharo. Flynyddoedd yn ddiweddarach, bu raid i'w frodyr wynebu Joseff eto, pan aethant i'r Aifft i brynu bwyd, profiad anodd iawn, gan eu bod wedi gwneud tro mor wael ag ef, ond mae'n rhaid i ddyn dalu'n ddrud am ei weithredoedd drwg.

Mae'r ffaith bod bwyd ar gael yn yr Aifft pan oedd newyn yng ngwlad Canaan, yn dangos bod Duw yn darparu ar gyfer ei blant. Mae hyn yr un mor wir heddiw; mae digon o fwyd yn y byd ar gyfer pawb, eto i gyd mae rhan fawr o'r byd yn dioddef newyn oherwydd ein trachwant ni. Mae Duw yn darparu'n helaeth, ond mae cyfrifoldeb ynghlwm wrth bob darpariaeth, sef defnyddio a rhannu'r cyfan yn ôl ewyllys Duw.

Newidiwyd cymeriad Joseff yn llwyr o adeg ei fachgendod i'r amser pan ddaeth ei frodyr ato i'r Aifft. Yn ifanc, 'roedd yn ddi-hid o deimladau ei deulu, ond yn ddiweddarach yn ei fywyd, trodd yn berson maddeugar, parod i helpu eraill. Mae Duw'n gallu dylanwadu ar gymeriad pob un ohonom, ond i ni ewyllysio iddo wneud hynny, ond wrth ddarllen hanes Joseff, yn hytrach na chanmol Joseff ei hun, boed inni weld gogoniant a gallu Duw yn gweithio eto trwy un o'i blant.

Emyn78 i blant: Tydi sy'n deffro'r adar   **Tôn 65:** Laur

(Symud bys y cloc i 12)

Y rhif 12: Deuddeg disgybl cyntaf Iesu:

Dyma eu henwau, Simon a elwir Pedr, ac Andreas ei frawd, Iago fab Sebedeus ac Ioan ei frawd, Philip a Barthalomeus, Thomas a Mathew'r casglwr trethi, Iago fab Alffeus a Thadeus, Seimon y Selot a Jwdas Iscariot.

Pan oedd Iesu'n ddeg ar hugain oed, ac yn dechrau ar ei waith cyhoeddus, gwelodd yn fuan bod angen disgyblion arno i'w helpu gyda'i waith o ledaenu efengyl teyrnas Dduw. Dyma'i gomisiwn iddynt: "Y mae teyrnas nefoedd wedi dod yn agos. Iachewch y cleifion, cyfodwch y meirw, glanhewch y gwahanglwyfus, bwriwch allan gythreuliaid; derbyniasoch heb dâl, rhowch heb dâl." Dysgodd i'r disgyblion y ffordd i fyw ac i weithredu trwy wrando ar ei eiriau a'i wylio wrth ei waith.

Un o orchmynion olaf Iesu i'w ddisgyblion oedd, "Ewch, gan hynny, a gwnewch ddisgyblion o'r cenhedloedd, gan eu bedyddio hwy yn enw'r Tad a'r Mab a'r Ysbryd Glân, a gorchymyn iddynt gadw'r holl orchmynion a roddais i chwi." Mae comisiwn Crist wedi symbylu pobl ar hyd y canrifoedd i ledaenu cariad Duw, a rhyfeddwn at eu dyfalbarhad yn wyneb anawsterau di-rif. Ein cyfrifoldeb ni yn awr yw mynd ymlaen gyda Duw, a gwneud ei waith ar y ffordd. Mae Duw yn gofyn am ein gwasanaeth.

Sgets i ddau o'r ieuenctid:

Y CACENNAU

A a B yn dod mewn yn cario bowlen a llwy bren yr un. A yn cario llyfr ryseitiau a B yn cario Beibl. Mae angen iddynt ymddwyn fel petaent yn rhoi'r cynhwysion yn y bowlenni, fel y maent yn eu henwi.

A: Dwi'n mynd i wneud cacen ffrwythau.

B: Beth wyt ti'n mynd i roi ynddi?

A: Ffrwythau'r ddaear wrth gwrs. Beth wyt ti'n mynd i wneud?

B: Dwi'n mynd i wneud cacen brawdgarwch.

A: Beth yn y byd 'rwyt ti'n mynd i roi mewn cacen brawdgarwch?

B: Ffrwythau'r ysbryd wrth gwrs.

A: Ffrwythau'r ysbryd! Oes rysáit gyda ti?

B: Oes, mae rysáit gyda fi fan hyn *(gan ddangos y Beibl)*

A: O! rhyngot ti a dy bethe! Sai'n deall dim am bethe fel 'na! Nawr, pa gynhwysion sydd angen arna' i?
(A yn agor ei lyfr ryseitiau. B yn agor y Beibl. A a B yn siarad am yn ail)

A:	Un pwys o flawd gwenith	**B:**	Dau bwys o gariad
	Hanner pwys o ffigys		Un pwys o gyfrifoldeb
	Hanner pwys o resins		Un pwys o addfwynder
	Pwys o syltanas		Dau bwys o dosturi
	Chwarter pwys o groen lemwn		Dau bwys o garedigrwydd
	Tair llwy fwrdd o sudd oren		Tair llond llwy gawl o barch
	Hanner cwpaned o siwgwr		Dau gwpaned o lawenydd
	Cwpaned o olew blodyn yr haul		Tri cwpaned o wirionedd
	Hanner pwys o gnau almon		Dau bwys a hanner o ddoethineb
	Pinsied o sinsir.		Tair pinsied fawr o ffydd.

A: Dyna'r cynhwysion. Nawr, troi'n dda gyda nerth braich. *(A yn troi'r cynhwysion)*

B: Troi'n dda gyda dwylo gobaith. *(B yn troi'r cynhwysion)*

A: Ar ôl ei choginio, caiff fy nheulu fy nghacen ffrwythau i i de yfory. I bwy 'rwyt ti'n mynd i roi dy gacen brawdgarwch di?

B: Fe garwn i roi darn ohoni i bawb drwy'r byd.

A: Ond mae hynny'n amhosibl.

B: Ydy, fe wn i hynny, felly beth am i ni ei rhannu yma i ddechre?

A: Ie, gad inni ddechre fan hyn.

Paratoi darnau o bapur fel y canlynol ymlaen llaw, a rhai o'r plant i roi'r resáit i bob un, neu i bob teulu sy yn y gynulleidfa, os yw hynny'n bosibl.

Cacen brawdgarwch

Un pwys o gariad
Un pwys o gyfrifoldeb
Un pwys o addfwynder
Dau bwys o dosturi
Dau bwys o garedigrwydd
Tair llond llwy gawl o barch
Dau gwpaned o lawenydd
Tri cwpaned o wirionedd
Dau bwys a hanner o ddoethineb
Tair pinsied fawr o ffydd.

Trowch yn dda gyda dwylo gobaith a chymerwch ddarn mawr bob dydd.

Cân i unigolyn: **Ymlaen gyda Duw**

Ymlaen tua'r Ddinas ymlwybrwn, O! Dduw,
Gan bwyso ar sicrwydd dy ganllaw wrth fyw;
Dy gymorth dihafal sydd wastad wrth law,
Yn eiddgar i'n cynnal yn wyneb pob praw:
Rhown glod iti, Arglwydd, am lanw di-drai
O gariad sy'n barod i faddau pob bai;
Dy gariad digymar a'i nerth megis gwyrth,
A ddwg bererinion annheilwng i'th byrth.

Ymlaen tua'r Ddinas, gan godi ein brawd
A'n chwaer sy'n dihoeni mewn pyllau o wawd;
Ni allwn dy ddilyn heb glywed eu cri
A derbyn ffordd Iesu'n ffordd bywyd i ni;
 chlai irodd lygaid, â dwr golchodd draed,
A'i hunan yn gyfan a roddodd trwy 'i waed:
Dysg inni dosturio, fel yntau, wrth fyd
Sy'n hyrddio marwolaeth at deithwyr cyn pryd.

Ymlaen tua'r Ddinas, gan ateb y wŷs
Sy'n cynnig yr allwedd i geinder dy lys;
Ymlaen yn dy gwmni, a gweddi ar fin
I ddiolch yn gyson am gyfran o'th rin:
Gysurwr y clwyfus, gynhaliwr y gwan,
Nid ofnwn y rhwystrau a'th ras inni'n rhan;
Parha inni'n ganllaw yw testun ein llef—
Y canllaw a'n ceidw ar lwybr y Nef.

Emyn 22:   **Dan dy fendith wrth ymadael**   *Tôn 16: Caersalem*

Cyd-weddïwn:

O Ysbryd byw, dylifa drwom,
  bywha dy waith â grym y groes.
O Ysbryd byw, tyrd, gweithia trwom,
  cymhwysa ni i her ein hoes. Amen.

Newyn a Llawnder

(Mae angen anerchiad ychwanegol yn yr oedfa hon)

Croeso i'r oedfa. Heddiw, y testun yw 'Newyn a Llawnder', ac fe fyddwn yn meddwl am ein cyd-ddynion sy'n dioddef newyn, rhai sy'n gweddïo am gymorth.

Cyd-weddïwn:

Tyrd atom ni, O Grëwr pob goleuni,
  tro di ein nos yn ddydd;
pâr inni weld holl lwybrau'r daith yn gloywi
  dan lewyrch gras a ffydd.

Tyrd atom ni, Arweinydd pererinion,
  dwg ni i ffordd llesâd;
tydi dy hun sy'n tywys drwy'r treialon,
  O derbyn ein mawrhad. Amen.

Emyn 76:	Mae Duw yn llond pob lle	*Tôn 64: Maelor*

Darlleniad: Salm 107: 1 - 9; Salm 23.

Emyn 151 i'r plant:	Mae'n Duw ni mor fawr	*Tôn 125*

Cyd-weddïwn:

O Dad, helpa ni i weddïo arnat yn awr mewn ysbryd gostyngedig. Down gyda diolch yn ein calonnau am i ni gael byw mewn byd mor brydferth, am liwiau digymar y blodau, am ffurfiau urddasol y coed a chyfoeth o lysiau a ffrwythau, am y gwynt, yr haul a'r glaw sy'n rhoi inni ddaear ffrwythlon. Dim ond Ti, Arglwydd, a allai greu y fath harddwch. Sylweddolwn ein bod yn dibynnu arnat am bob peth, ond maddau inni am beidio â chydnabod hyn bob amser. Deffro ni i weld dy ogoniant di o'r newydd, a rhoi i Ti ein mawl.

Diolchwn iti am bob gwybodaeth a dyfais sy'n lleihau poen. Cadw ni rhag defnyddio'n gwybodaeth i greu arfau dinistriol neu i wenwyno'r amgylchedd. Gwared ni rhag credu mai yn ein nerth ein hunain y dyfeisiwn bob peth newydd, heb ddod â thi i'r darlun, a heb dy gydnabod di a'th fawrygu di am bob daioni.

Diolchwn iti'n bennaf am Iesu Grist, am iddo ddweud wrthym am dy gariad Di, ac am iddo ddangos dy gariad perffaith Di, wrth fyw ac wrth farw. Maddau inni am ein difaterwch ynglŷn â'i waith, a dysg inni edifarhau am ein pechodau a cherdded y llwybrau a luniaist ar ein cyfer, y llwybrau sy'n ein dwyn i'r deyrnas a drefnaist i ni ei derbyn a'i mwynhau.

Cynnal ni pan ŷm yn ofnus, nertha ni pan ŷm yn wan, a chadw ein llygaid ar Iesu, oblegid dim ond trwy ddilyn ôl ei draed y byddwn ar dir diogel. Dysg inni faddau i'r rhai a wna gam â ni, a'u goddef heb chwerwi a heb ddial.

Gweddïwn dros y rhai sy'n dioddef o ganlyniad i drais a rhyfel, a helpa ni i fod yn dangnefeddwyr yn enw Iesu. Meddala ein calonnau, er mwyn i ni dosturio wrth y newynog, y tlawd a'r digartref, a phawb sy'n dioddef poen, gan sylweddoli nad ydym yn deilwng o gael ein galw'n blant i ti, heb inni rannu ein hadnoddau, ein doniau a'n hamser â'n brodyr a'n chwiorydd.

Cynydda ddylanwad Crist a'i efengyl yn ein calonnau ni. Dysg inni ledaenu cariad Crist ar bob cyfle a gawn, er mwyn i'w ysbryd tangnefeddus Ef dreiddio trwy ein heglwysi, ein cymdeithas, ein gwlad a'n byd. Gofynnwn hyn yn enw ein Gwaredwr. Amen.

Darlleniadau i ddau: Mathew 25 : 31- 40
Mathew 25 : 41 -46

Emyn 813 i'r ieuenctid: **O Dduw, a'n creaist ar dy lun**
Tôn: 660 : Tallis

Newyn a Llawnder

Nid rhywbeth sy'n digwydd yng ngwledydd tlawd y byd yn yr oes hon yn unig yw newyn. Darllenwn am newyn yn llyfr Genesis, yn amser Abraham, yna yn nes ymlaen, am feibion Jacob yn mynd i'r Aifft i brynu bwyd o law Joseff, y brawd a werthwyd ganddynt oherwydd eu heiddigedd ohono. Pan oedd yr Iddewon yn yr anialwch, ar eu ffordd i Ganaan, buont yn grwgnach oherwydd diffyg bwyd, a chawsant eu bwydo â manna bob bore a soflieir bob hwyr y dydd.

Cofiwn am Naomi a Ruth yn dychwelyd i Fethlehem, heb wybod o ble y deuai eu cynhaliaeth. Un o hanesion prydferthaf y Beibl yw'r hanes am Ruth yn llofa ar dir Boas, hanes sy'n llawn o gonsyrn am gyd-ddyn. Dywedodd Boas wrth Ruth, "Paid â mynd i faes arall, ond glŷn wrth fy llancesau i. Cadw dy lygaid ar y maes y maent yn ei fedi, a dilyn hwy." Meddai wrth ei weision, "Gadewch iddi loffa, hyd yn oed ymysg yr ysgubau, a pheidiwch â'i dwrdio; yr wyf am i chwi hyd yn oed dynnu peth allan o'r dyrneidiau, a'i adael iddi i'w loffa." Wrth wneud hyn, cyflawnai Boas orchymyn a ddarllenwn amdano yn llyfr Lefiticus, sef "Pan fyddi'n medi cynhaeaf dy dir, paid â medi ymylon dy faes, a phaid â lloffa dy gynhaeaf; gad hwy i'r tlawd a'r estron."

Cafodd Elias ei fwydo gan wraig o Sareffta pan oedd angen bwyd arno, ac er bod y bwyd iddi hi a'i mab yn brin iawn ar y pryd, gofalodd Duw bod digon o flawd yn y celwrn a digon o olew yn y stên ar gyfer y tri, a hynny o un dydd i'r llall.

Elias a'r weddw o Sareffta : 1 Bren 17 : 1 - 16

Bu'r mab afradlon yn newynog yn y wlad bell, a hynny oherwydd ei oferedd a'i esgeulustod ei hun, ond mae miloedd lawer o bobl a phlant yn newynu heddiw, yn unig am nad yw'r llawnder o fwyd sy yn y byd yn cael ei rannu'n deg. Bwydodd Iesu bum mil un tro, trwy gydweithrediad un bachgen bach; gall Ef fwydo'r newynog heddiw hefyd, ond i ni gydweithredu.

Y gorchymyn mwyaf, yn ôl ein Gwaredwr yw, "Câr yr Arglwydd dy Dduw â'th holl galon ac â'th holl enaid ac â'th holl feddwl, ac mae'r ail yn debyg iddo, sef, "Câr dy gymydog fel ti dy hun." Mae pawb yn gymdogion inni, yn ôl dysgeidiaeth Crist. Ni wyddai'r Samariad trugarog pwy oedd y dyn a syrthiodd i ddwylo'r lladron. Ni wyddai ei enw, ei gyfeiriad na'i dras, mwy nag y gwyddom ni am lawer o'r rhai sy'n dioddef yn y byd heddiw, eto rhoddodd gymorth iddo. Boed i ninnau glywed Iesu'n dweud wrthym ni, fel y dywedodd wrth athro'r gyfraith, ar ôl llefaru dameg y Samariad Trugarog, "Dos a gwna dithau yr un modd."

'Rydym wedi bod yn sôn am newyn corfforol, ond mae sôn yn y Beibl am newyn arall hefyd. Yn llyfr Amos, darllenwn fel hyn, "Wele'r dyddiau'n dod", medd yr Arglwydd, pan anfonaf newyn i'r wlad, nid newyn am fara na syched am ddŵr, ond am glywed geiriau'r Arglwydd." Pan fydd pawb yn newynu am glywed geiriau Duw, bydd pawb yn gwneud ei ewyllys Ef, ac ni fydd neb yn dioddef.

      Cofiwn heddiw mewn cywilydd   ond mae gwaith yr Iesu'n allu
        am fod drain ac efrau'n bla,   mwy na phechod dua'r llawr;
        yn dolurio wyneb daear   ein hanrhydedd ydyw arddel
        ac yn tagu'r tyfiant da: meistr y cynhaeaf mawr.

Emyn 594   O na ddoi'r nefol wynt   *Tôn 497 : Fflint*

Anerchiad:

Emyn 830 :   O Dduw, ein craig a'n noddfa   *Tôn 672: Tal-y-llyn*

Casglu at achos da megis Cymorth Cristnogol

Cyd-weddïwn:

      Tydi, yr hwn a roddaist
        y manna gwyrthiol gynt
      i gynnal pererinion
        yr anial ar eu hynt,
      rho ynom ni yr awydd
        i estyn dwylo'n hael
      a rhannu o'n digonedd
        i wella byd y gwael.

Salm i weithwyr tawel Duw

Ti, Arglwydd, a'u creodd hwy,
y rhai sy'n anelu at gymdeithas glòs;
y rhai sy'n sychu chwys o dalcen poeth,
neu ddagrau o lygaid y galarus
â'u hancesi eu hunain.
Llawenhawn yn eu cwmni.

Anwylant ruddiau creithiog,
sychant friwiau gwaedlyd
heb ofni baeddu eu dillad gorau;
penliniant yn y llwch i anwesu'r anafus,
neu godi'r meddwyn yn ddi-gerydd.
Eu tiriondeb sy'n llefaru cyfrolau
pan na lefara eu gwefusau air.
Dy ddwylo di yw eu dwylo hwy.

Curant ar ddrws cymydog oedrannus
pan fydd y llenni heb eu tynnu,
cariant negesau pan fydd yr eira'n lluwchio,
a chodant galonnau pan syrth y cenllysg.
Hwy, O Dduw, yw ein cysgod mewn storm.

I'r dall, darllenant;
i'r unig, cadwant gwmpeini;
cysgodant yr ofnus
a rhoddant bwrpas byw i'r gwan-galon.
Brodiaist eu mentyll â thangnefedd.

Safant ar gorneli strydoedd y dre
a'u blychau'n araf lenwi,
am i lygaid apelgar y newynog
gyffroi angerdd a thosturi yn eu calonnau;
dyfalbarhant yn siriol
er i lawer ddymuno osgoi eu gweld.
Molwn di am iti eu geni i'n daear.

Dy weithwyr tawel di, ein Tad,
sy'n esmwytháu llwybr eu plentyn methedig
yn llawen o ddydd i ddydd,
heb deimlo caethiwed.
Maent fel bordydd wedi'u hulio
â chariad, amynedd ac ymroddiad parhaus -
danteithion o'th stordy di, eu Cynhaliwr.

Creaist weithwyr tawel
i gadw drws dy Dŷ ar agor;
cerddant trwyddo o Sul i Sul,
gwrandawant a myfyriant,
a rhoddant dy gannwyll mewn canhwyllbren,
gan oleuo'r ffordd i'th Deyrnas di i eraill.
Eu Sul a barha am wythnos.
Hwy yw llawenydd a harddwch bro,
hwy sy'n iro olwynion cymdeithas
a'u cadw i droi'n esmwyth,
yn enw dy Fab.

Mae eu hosgo'n wylaidd, eu ffydd yn gynhaliol,
a'u lleferydd mor addfwyn ag awelon y gwanwyn.
Gwyn eu byd dy weithwyr tawel di.

Sgets i 3 cymeriad. A a B yn y sedd fawr, C yn y pulpud. A yn dal Beibl a B yn dal torth o fara.

C: **Pwy yw'r Cristion?**

A: Fi yw'r Cristion; 'rwy'n gweddïo bob nos.

B: Na, fi yw'r Cristion; 'rwy'n anfon arian i Gymorth Cristnogol, er mwyn rhoi bwyd i'r newynog.

A: 'Rwy'n mynd i'r capel i addoli bob Sul.

B: 'Rwy'n mynd i'r ysbyty i ymweld â chleifion.

A: 'Rwy'n darllen y Beibl yn aml.

B: 'Rwy'n mynd i siopa dros hen wraig bob wythnos.

A: 'Rwy'n credu yn Nuw a Iesu Grist. Hynny sy'n bwysig.

B: O na, helpu pobl sy'n bwysig.

A: Ond fi yw'r Cristion, gan fy mod yn gwneud beth mae'r Beibl yn ddweud.

B: 'Rwyf finnau'n gwneud beth mae'r Beibl yn ddweud hefyd. Bu Iesu ei hun yn bwydo pobl â bara.

A: Ond bu Iesu'n rhoi Bara'r Bywyd i bobl. Fe ddywedodd, "Myfi yw Bara'r Bywyd."

B: Mae'n rhaid i bobl gael bwyd i gadw'n fyw.

A: Ond mae enaid gan ddyn, ac mae angen bwyd ar ei enaid hefyd.

C: Onid ydych chi'n gweld bod angen credu a gweithredu?

(A a B yn troi i edrych ar C)

C: Dywedodd Paul wrth geidwad y carchar, "Cred yn yr Arglwydd Iesu, ac fe gei dy achub," ond dywedodd Iago fod ffydd heb weithredoedd yn farw. Meddai ef, "Fy mrodyr, pa les yw i ddyn ddweud bod ganddo ffydd, ac yntau heb weithredoedd? A all ffydd ei achub ef? Os yw brawd neu chwaer yn garpiog ac yn brin o fara beunyddiol, ac un ohonoch yn dweud wrthynt, "Pob bendith ichwi; cadwch yn gynnes a mynnwch ddigon o fwyd," ond heb roi dim iddynt ar gyfer rheidiau'r corff, pa les ydyw? Felly hefyd y mae ffydd, os nad oes ganddi weithredoedd, yn farw ynddi ei hun."
Meddai Iesu yn ei Bregeth ar y Mynydd, "Boed i'ch goleuni chwithau lewyrchu gerbron dynion, nes iddynt weld eich gweithredoedd da chwi, a gogoneddu eich Tad, yr hwn sydd yn y nefoedd." Felly mae angen credu yn Nuw a gweithio drosto yn y byd.

Dwylo Iesu Grist

A: Pa fath ddwylo oedd gan Iesu Grist?

B: Dwylo o gnawd ac esgyrn, gwaed a gïau, siwr o fod. Bu'n gweithio fel saer am dipyn, yn defnyddio llif i dorri coed, plaen i'w llyfnhau a morthwyl i bwnio'r hoelion. Bu ei ddwylo'n llunio cadeiriau a byrddau i gartrefi Nasareth, ac yn trwsio teganau plant y pentre, felly 'roedden nhw'n ddwylo gweithiwr. Ie, dwylo fel dwylo pob un arall oedd ganddo.

A: Ond mae'r Beibl yn dweud llawer mwy am ddwylo Iesu.

B: O, ydy', mae'r Beibl yn dweud eu bod nhw yn -
Ddwylo oedd yn bendithio: 'Yr oeddynt yn dod â phlant ato, iddo gyffwrdd â hwy. Cymerodd hwy yn ei freichiau a'u bendithio, gan roi ei ddwylo arnynt.'

A: Dwylo oedd yn iacháu: Gwaeddodd dau ddyn dall, "Syr, trugarha wrthym, Fab Dafydd. Mae arnom eisiau i'n llygaid gael eu hagor." Tosturiodd Iesu wrthynt, cyffyrddodd â'u llygaid, a chawsant eu golwg yn ôl.

B: Dwylo oedd yn glanhau: Aeth Iesu i mewn i'r deml, a bwriodd allan bawb oedd yn prynu a gwerthu yno; taflodd i lawr fyrddau'r cyfnewidwyr arian a chadeiriau'r rhai oedd yn gwerthu colomennod, a dywedodd wrthynt, "Gelwir fy nhŷ i yn dŷ gweddi, ond yr ydych chwi yn ei wneud yn ogof lladron."

A: Dwylo oedd yn rhannu: 'Cymerodd y pum torth a'r ddau bysgodyn, a chan edrych i fyny i'r nef a bendithio, torrodd y torthau a rhoddodd hwy i'r disgyblion, a'r disgyblion i'r tyrfaoedd. Yr oedd y rhai oedd yn bwyta tua phum mil o wŷr, heblaw gwragedd a phlant.'

B: Dwylo oedd yn cynnal: Un tro, ar fôr Galilea, dechreuodd Pedr suddo, a gwaeddodd, "Arglwydd, achub fi." Estynnodd Iesu ei law a gafael ynddo.

A: Dwylo oedd yn atgyfodi: Wedi cydio yn llaw merch Jairus, dyma fe'n dweud wrthi, "Fy ngeneth, 'rwy'n dweud wrthyt, cod."

B: Dwylo fu'n dioddef hoelion: Fe ddangosodd ei ddwylo i Thomas, am fod hwnnw yn ei chael yn anodd i gredu mai Iesu oedd yn sefyll o'i flaen.

A: Dwylo sy'n curo. Meddai Iesu, "Wele, yr wyf yn sefyll wrth y drws ac yn curo; os clyw rhywun fy llais ac agor y drws, dof i mewn ato a swperaf gydag ef, ac yntau gyda minnau."

B: A beth am ddwylo Iesu heddiw?
   Mae 'i ddwylo'n dal i guro'n gyson
   Bob dydd o'n hoes, ar ddrws pob calon.

C: Cyd-weddïwn:
Diolchwn i Ti, O! Dduw, am roi dy Fab i'r byd, i ddangos inni'r ffordd atat Ti. Diolchwn am

y Beibl sy'n ein dysgu am Iesu Grist, yr Un a roddodd ei ddwylo'n gyson mewn gwasanaeth i'w gyd-ddynion, a'u tynnu yn nes atat Ti.

Dysg i ninnau roi ein dwylo mewn gwasanaeth, fel y gwnaeth Ef, i estyn cydymdeimlad i'r rhai sy'n galaru, a chysur i'r rhai sy'n dioddef afiechyd blin. Diolchwn am y fraint o gael derbyn rhoddion cyson o'th ddwylo di. Rho ynom yr awydd i ymestyn ein dwylo at gyd-ddyn newynog, a lleddfu ei gur trwy fwydo ei gorff gwan.

Gweddïwn dros holl drueiniaid y byd yn eu gofid a'u tristwch, mewn dyddiau pan mae creulondeb a dioddefaint mor amlwg. Gweddïwn dros arweinwyr y byd, sy'n ceisio dwyn heddwch i fyd rhyfelgar, ond sy'n cael siom ar ôl siom, am fod rhai yn mynnu gadael i drais lwyddo.

Diolchwn i Ti am ddwylo Iesu, y dwylo caredig a phur. Gwna ein dwylo ni'n debycach i'w ddwylo Ef, yn ddwylo sy'n croesawu'r da bob amser. Boed inni roi ein hunain yn llaw Iesu, a phenderfynu ei wasanaethu'n well yn ein cartref, ein heglwys a'n bro. Na foed inni byth hoelio ei ddwylo ar groes, trwy ein casineb neu ein difaterwch. Yn hytrach, dysg inni ei garu bob amser. Gofynnwn hyn yn ei enw Ef. Amen

Ymgom i dri person: A, B a C yn y sedd fawr, A yn sefyll un ochr, B yn sefyll yn y canol, a C yn eistedd yr ochr arall yn darllen allan o'r Beibl.

C: **Gwledd Teyrnas Dduw**

A: Mae pob math o lestri gyda fi, rhai hen a rhai newydd, a dwi'n prynu rhagor drwy'r amser. Fe dorrais i'r tebot perta oedd gyda fi wythnos ddiwetha' a dwi'n dal i deimlo'n ddiflas am y peth, yn ddiflas iawn.

B: Y dodrefn dwi'n hoffi, yn enwedig y seld a'r cwpwrdd cornel. Dwi'n sgleinio rheini bob dydd.

C: 'Casglwch i chwi drysorau yn y nef, lle nad yw gwyfyn na rhwd yn difa, a lle nad yw lladron yn torri trwodd ac yn lladrata. Lle mae dy drysor, yno hefyd y bydd dy galon.'

A: Dwi o hyd yn edrych ymlaen i gael y 'statement' o'r banc, i gael gweld yn gywir faint o arian sydd gyda fi. 'Roedd camgymeriad ar yr un diwetha', can punt yn ormod!

B: 'Ddwedaist ti wrthon nhw?

A: Fi'n dweud wrthyn nhw! Wel, naddo wrth gwrs.

C: 'Pa beth bynnag y dymunwch i ddynion wneud i chwi, gwnewch chwithau felly iddynt hwy.'

A: Fy mharti pen-blwydd sydd ar fy meddwl i nawr, yn enwedig y bwyd. Mae'n anodd iawn dewis beth i'w gael, bwffe neu fwyd cyllell a fforc, pa gig a pha win. O, mae'n anodd penderfynu.

B: Y peth pwysicaf i fi ar hyn o bryd, yw cael ffrog newydd ar gyfer parti'r gwaith. Fe wisgais i'r ffrog ddu i barti Jên; ac alla' i ddim mynd i barti arall yn yr un ffrog!

C: 'Peidiwch â phryderu a dweud, 'Beth yr ydym i'w fwyta?' neu 'Beth yr ydym i'w yfed?' neu 'Beth yr ydym i'w wisgo?' Dyna'r holl bethau y mae'r Cenhedloedd yn eu ceisio. Ceisiwch yn gyntaf deyrnas Dduw a'i gyfiawnder ef, a rhoir y pethau hyn i gyd yn ychwaneg i chwi.'

B: Ble bynnag dwi'n mynd y dyddiau hyn, mae rhywun yn casglu at rywbeth neu 'i gilydd, ond dwi'n cadw fy arian. Wel, fi sydd pia nhw, a dim arna' i mae'r bai bod pobl eraill heb ddim.

C: 'Dos, gwerth dy eiddo a dyro i'r tlodion, a chei drysor yn y nefoedd' ond 'mae'n haws i gamel fynd trwy grau nodwydd, nag i ddyn cyfoethog fynd i mewn i deyrnas Dduw.'

A: *(A a B yn troi at C)* Teyrnas Dduw? Beth yw honno?

C: Teyrnas Dduw yw'r wledd 'roedd Iesu'n sôn amdani yn un o'i ddamhegion.

B: Hwre, gwledd arall! Sut mae mynd iddi?

C: 'Ewch i mewn trwy'r porth cyfyng. Cyfyng yw'r porth a chul yw'r ffordd sy'n arwain i fywyd, ac ychydig yw'r rhai sy'n ei chael.'

B: Bydd raid i fi gael ffrog arall 'to! Pa fath ddillad sydd eisiau?

C: 'Gwisgwch amdanoch dynerwch calon, tiriondeb, gostyngeiddrwydd, addfwynder ac amynedd. Tros y rhain i gyd gwisgwch gariad, sy'n rhwymyn perffeithrwydd.'

A: Oes eisiau ordro'r bwyd ymlaen llaw?

C: Nid bwyta ac yfed yw teyrnas Dduw, ond cyfiawnder a heddwch a llawenydd yn yr Ysbryd Glân. Hon yw'r wir wledd.

A: Pam mae'n rhaid dod mewn â chrefydd i wledd? Amser i fwyta ac yfed yw gwledd.

B: Ie, ac amser i gael dillad newydd.

C: Ond y wledd mae Iesu'n sôn amdani yw'r wir wledd. Gallwch fynd i'ch gwleddoedd chi, ond dewch i'r wledd a baratôdd Iesu yn ogystal.

Dameg y dyn cyfoethog a Lasarus

Sgets i 4 o ieuenctid - Llefarydd, dyn cyfoethog, gwas a dyn tlawd. (Bydd angen bwrdd, cadair gyda'r *Financial Times* arni, bin sbwriel gydag ychydig o grystau ynddo ar gyfer y cardotyn, ac *After Eights* i'r dyn cyfoethog)

Darllenydd: Darllen y Ddameg - Luc 16: 19 - 25

Mae'r ddameg yn gorffen trwy sôn am nefoedd ac uffern. Aeth y cardotyn i'r nefoedd, i fywyd o wynfyd, ond y dyn cyfoethog i uffern, er syndod mawr iddo, mae'n siwr. Dengys yr hanes nad ar y ddaear mae diwedd ein taith, ac nad yw bod yn fydol ac ariangar yn ein cymhwyso ar gyfer y bywyd tragwyddol, oherwydd yno, cariad a brawdgarwch sy'n teyrnasu, nid hunanoldeb. Er hyn, gwyddom fod gobaith i bawb, ond inni edifarhau.

(Y darllenydd yn mynd i'w sedd a'r llefarydd yn dod ymlaen)

Llefarydd: Efallai mai rhyw ddyn cyfoethog o Balestina oedd ym meddwl Iesu pan lefarodd y ddameg am 'Y dyn cyfoethog a Lasarus', ond mae pobl gyfoethog a phobl dlawd i'w cael heddiw hefyd. Cofiwn fod dynion cyfoethog caredig i'w cael, ond nid felly Syr Aneurin Ramsbottom-Cavanor. Dyma fe'n dod ar y gair, dyn mawreddog, dyn cyfiawn yn ei olwg ei hun, dyn sy'n meddwl amdano'i hun yn unig. Daeth yn filiwnydd yn sydyn un nos Sadwrn, mae'n byw mewn plas, ac yn edrych lawr ei drwyn ar bawb.

(Y dyn cyfoethog yn dod ymlaen ac yn darllen y Financial Times*, neu bapur tebyg)*

Llefarydd: Yn y ddameg, mae yna gardotyn yn ogystal â dyn cyfoethog, ac mae'r rheini i'w cael o hyd hefyd. Dyma un yn dod nawr; mae'n cerdded yn araf a'i ben yn isel. Mae'n cysgu o dan bont y rheilffordd, ac yn dod bob bore i eistedd wrth ddrws y plas, gan obeithio derbyn ychydig o fwyd o fwrdd y dyn cyfoethog. Nid yw hwnnw'n estyn dim iddo, ond mae'r gwas yn rhoi'r bwyd sy'n sbâr yn y bin sbwriel, ac oddi yno mae'r cardotyn yn derbyn ei 'fara beunyddiol'.

(y cardotyn yn chwilio yn y bin sbwriel cyn eistedd lawr a bwyta)

Llefarydd: Mae ei ddillad yn garpiog, ond nid oes arian ganddo i brynu rhai'n eu lle. Mae ei groen yn llawn o gornwydydd, ac mae cŵn y plas yn eu llyfu. Ond ble mae gwas y dyn cyfoethog?

Y cyfoethog: Jams, Jams!

Y gwas: *(dod gan redeg)* Oeddech chi'n galw, Syr Aneurin Ramsbottom-Cavanor?

(y gwas yn cael trafferth gydag enw'r dyn cyfoethog)

Y cyfoethog: Wrth gwrs bo fi'n galw. Estyn yr *After Eights* yna i fi.

Y gwas: Wrth gwrs Syr Aneurin Ramsbottom-Cavanor. *(cael trafferth gyda'r enw eto)*

Y cyfoethog: A dwi am iti lanhau fy esgidiau i.

Y gwas: Popeth yn iawn, Syr Aneurin ap . . ap . . . iawn Syr. *(y gwas yn eu glanhau)*

Y cyfoethog: Mae enw rhyfedd arnat ti, Jams Jams.

Y gwas: Dwi'n gwybod am enw gwaeth Syr.

Y cyfoethog: Wyt ti? Dwi ddim yn gallu meddwl am un! *(darllen eto)*

Y gwas: Mae cardotyn wrth y drws Syr. A ydych chi'n mynd i roi rhywbeth iddo?

Y cyfoethog: Beth? Fi? Hy!

(Y cyfoethog yn bwyta rhagor o'r After Eights, y gwas yn sychu'r llwch ar y dodrefn, a'r cardotyn yn dal wrth y drws. Rhywun arall yn dod ymlaen i ganu)

Emyn 372:   **Dwylo ffeind oedd dwylo**   *Tôn 303: Au Clair de la Lune*

(Ar ddechrau'r ail bennill, dechreua'r dyn cyfoethog a'r gwas wrando. Erbyn diwedd yr emyn, tynna'r dyn cyfoethog ei got, ei rhoi i'r gwas, a'r gwas yn ei rhoi ar ysgwyddau y cardotyn. Pawb i fynd i'w seddau)

Cân i blentyn: **Rhoi Diolch**   *Tôn 461: Ivor*

Pan gwyd yr enfys dlos
Ei phont ar draws y rhos,
Neu pan fydd blodyn hardd
Yn llonni cornel gardd,
Boed imi gofio am fy Nuw
A diolch iddo am gael byw.

Pan dry yr eira mân
Y fro yn flanced glân,
Neu pan ddaw cawod fwyn
I lasu dôl a thwyn,
Boed imi gofio . . . .

Pan ddaw yr haf a'i wres
A hyfryd ddawns y tes,
Neu pan fydd ffrwyth ar bren
Yn doreth uwch fy mhen,
Boed imi gofio . . . .

Pan af i 'ngwely clyd
'R ôl dydd wrth fodd fy mryd,
A'r sêr yn gloywi'r nen
I ddweud bo'r dydd ar ben,
Boed imi gofio . . . .